应计制政府会计改革研究丛书

李建发 / 主编

项目资助：北方工业大学校内青年拔尖人才项目（编号：XN070034）

政府会计改革
"绩效悖论"问题
成因研究

于国旺/ 著

厦门大学出版社 国家一级出版社
XIAMEN UNIVERSITY PRESS 全国百佳图书出版单位

图书在版编目(CIP)数据

政府会计改革"绩效悖论"问题成因研究/于国旺著.—厦门:厦门大学出版社,
2017.11

(应计制政府会计改革研究)

ISBN 978-7-5615-6704-3

Ⅰ.①政…　Ⅱ.①于…　Ⅲ.①预算会计-经济体制改革-研究-中国　Ⅳ.①F810.6

中国版本图书馆 CIP 数据核字(2017)第 236226 号

出 版 人	蒋东明
策划编辑	陈丽贞
责任编辑	陈丽贞
美术编辑	夏　林
技术编辑	朱　楷

出版发行 厦门大学出版社

社　　　址	厦门市软件园二期望海路 39 号
邮政编码	361008
总 编 办	0592-2182177　0592-2181406(传真)
营销中心	0592-2184458　0592-2181365
网　　　址	http://www.xmupress.com
邮　　　箱	xmup@xmupress.com
印　　　刷	虎彩印艺股份有限公司

开本	720mm×1000mm　1/16
印张	12.25
插页	1
字数	214 千字
版次	2017 年 11 月第 1 版
印次	2017 年 11 月第 1 次印刷
定价	40.00 元

本书如有印装质量问题请直接寄承印厂调换

厦门大学出版社
微信二维码

厦门大学出版社
微博二维码

总 序

>> >>>

　　20 世纪 70 年代末以来,西方发达市场经济国家掀起了一场以新公共管理为标志的政府改革运动,并迅速席卷全球。新公共管理运动以绩效为导向,以提高公共管理效率和公共资源使用效益为核心,以采用商业管理理论、技术和方法为标志,将市场竞争机制引入公共管理领域,对公共部门进行全方位的变革和再造。政府会计作为一个人造信息系统,始终处在新公共管理运动与改革的最前沿,它对于提升政府公共财务管理绩效、促进财政透明度、保障公共资源提供者和公共服务对象利益及知情权都具有不可替代的作用。其中,在政府会计中引入应计制是改革中的最大亮点。

　　近年来,在国际新公共管理运动的示范下,我国的公共财政和公共管理体制改革也在不断向前推进,社会公众、学术界以及政策制定部门对"改革现行预算会计,建立现代意义的政府会计"的呼声也日益高涨。理论源于实践,又指导实践,如何根据新公共管理运动的核心理念与精髓,立足中国实际,建立具有中国特色的政府会计体系,便成为摆在我国会计学术界面前的一项艰巨任务和重大课题。基于此,"应计制政府会计改革研究"丛书的出版将具有以下重要意义。

第一,进一步丰富我国政府会计理论研究。严格来说,我国政府会计理论研究始于20世纪90年代中后期,十多年来,有关政府会计研究的理论成果颇丰。但相对于企业会计理论的研究,专门从事政府会计研究的人数还比较少,许多学者只是"临时性"加入政府会计研究的队伍,研究的视野还不够宽,更多的是套用和延续企业会计研究的思路与模式。鉴于此,政府会计研究的理论广度和深度都有待进一步加强。"应计制政府会计改革研究"丛书的作者们都是长期专门从事政府会计理论研究的教授、专家或博士,他们的研究思路和视野既不再局限于传统的企业会计研究模式,也不仅仅局限在政府会计的热点问题——应计制基础改革,而是涉及公共部门财务管理、政府会计模式构建与选择、政府绩效评价体系构建、政府成本会计,甚至政府管理会计等;同时,也不再局限于对国外政府会计改革实践和理论的介绍和借鉴,而是从公共受托责任、新公共管理、绩效治理、委托代理、公共选择、新制度经济学等更宽的理论视角进行深入研究,具有一定的理论深度和广度。可以说,丛书的出版将进一步丰富我国政府会计的理论体系。

第二,更好地指导我国政府会计改革实践。自2000年以来我国启动了新一轮的政府会计改革,其标志是2000年国家财政部启动了中国政府预算会计制度改革研究——从收付实现制到权责发生制;2006年,政府会计改革被正式列入中国国民经济与社会发展第十一个五年规划纲要,近来又得到国家高层领导人的关注和重视。可以说,我国的政府会计改革如"在弦之箭"。然而,时至今日,我国除 2009 年发布《高等学校会计制度》和《医院会计制度》这两份征求意见稿外,并没有更多的实质性举措,这轮改革显得异常缓慢,严重滞后于公共财政与公共管理体制的各项改革。在我们看来,理论研究的不充分和理论体系的不完整是改革实践滞后的重要原因之一。由于政府在经济学上的意义不同于企业,因此政府会计不同于企业会计,现有企业会计理论不能直接"拿来"用于指导政府会计的改革;而由于政治经济体制的不同,国外的政府不同于我国的政府,因此,他国政府会计的改革实践经验,我们只能借鉴,而不能照搬,必须立足国情,探索建立一套能够指导改革实践的有中国特色的政府会计理论体系。

本丛书以教育部人文社会科学重点研究基地重大课题"基于绩效管理的应计制政府会计改革问题研究"为基础,由我担任总主编,作者主要是我指导的博士生们,他们围绕应计制政府会计改革,在各自博士论文的基础上,按照"丛书"主题的要求,进行修改、补充和完善。他们长期以来一直密切关注我国政府会计改革中的热点和难点问题,全程参与我国政府会计改革的研讨和咨询活动,这使得丛书内容不仅具有理论性,而且也具有现实性和针对性;丛书的作者都是我国目前政府会计研究的骨干成员,长期的团队合作使得专著之间的理论衔接更加顺畅,具有延续性,理论结构和体系具有完整性。该丛书所构建的理论体系,将能够更好地服务于我国政府会计的改革实践。

当然,作为理论性著作,丛书中的某些观点和理论必定还有不够成熟和不尽完善的地方,希望广大读者及会计学术界的广大同仁能够不吝赐教,多提宝贵意见!

李建发

2010 年 9 月 8 日

内容摘要

▶▶▶

当前,政府会计改革正在西方发达国家如火如荼地展开,同时受到了有关国际组织的高度重视。但研究表明,这些国家的政府会计改革过程存在着一个"绩效悖论"问题。为此,本书主要以新制度经济学以及其他学科作为理论依据,在系统阐明政府会计两大基本属性的基础上进行深入分析,在理论层面上深刻解读政府会计改革"绩效悖论"问题的形成原因,并提出一些有利于我国改革预算会计、建立政府会计体系的政策建议。本研究不仅有助于进一步拓展、丰富政府会计理论的内容,提高政府会计理论的解释力,弥补单纯从技术观角度探讨政府会计改革问题的缺陷,而且有利于我们系统、全面、客观地认识和分析西方发达国家政府会计改革实践,汲取其中有益的经验教训,制定科学规范、切实可行的政府会计改革策略。

作为经济组织,政府机构可以被视为负责提供公共物品的一种生产性"企业",它们本质上也是一系列契约关系的集合体。在这种假设下,政府会计兼具两大基本属性,即契约性和制度性。其中,前者意味着政府会计本身是一种有边界的不完全契约,它有助于订立、履行和解除政府契约,但其发挥作用的前提条件是理性经济主体需要及利用政府会计信息进行监督和决策;后者意味着政府会计必须在形式上符合相关制度的要求,屈从于制度压力的影响,在很大程度上成为制度的塑造物和实际承载体。这两种客观存在的基本属性要求分别从"效率机制"与"合法性机制"两个维度来认识政府会计改革问题。

政府会计改革的经济本质在于契约的变更或替代。但是,它通常直接体现为一种新的政府会计模式(或者更广泛地说是技术工具)的引入。而且,这种经济本质不因政府会计改革源于相关制度的变迁而改变。对提供公共物品的政府机构而言,其会计改革一般服务于确保契约绩效和提高契约合法性两大目标,它们分别对应于政府会计的契约性和制度性。但是,这两种目标对政府会计的要求可能不完全一致,甚至有时截然相反。这恰好形成了研究政府会计改革"绩效悖论"问题成因的突破口。这也决定了必须在宏观层面上关注影响政府会计改革的制度结构,在微观层面上关注单个政府机构中的契约及其激励效应。

通过宏观层面上的制度变迁推进微观层面上的政府会计改革,这种做法具有内在必然性。其中,影响政府会计改革的制度以强制或提供激励的方式,使其规定内化于各个政府机构的会计契约之中。单个政府机构依据制度要求进行会计改革,不仅实现了提高契约合法性的目标,而且引入了新的会计形式,改善了缔约者获取信息的条件,使其可以获得有助于监督代理人的更多会计信息。但由于受到激励结构因素的限制,政府会计改革难以影响监督政府代理人的数量,政府会计信息不一定被用于监督代理人。这时,行使剩余控制权时的代理问题和代理成本不会减少,政府机构提供公共物品的绩效也难以提高。在这种情况下,政府会计改革"绩效悖论"问题就形成了。因此,制度驱动下的政府会计改革是一项十分复杂且具有挑战性的系统工程。

本书的创新之处主要体现在:

1.以政府会计改革"绩效悖论"作为研究主题,在理论上解释为何政府会计改革不一定能够按预期提高政府绩效,突破着重于从必要性和实施方式两个角度研究政府会计改革问题的局限性。

2.将政府机构视为负责提供公共物品的生产性"企业",阐明它们作为一系列契约关系集合体的经济组织性质,并进一步论证政府会计的契约性和制度性,明确政府会计与其相关制度之间的关系。

3.在微观层面上深入研究政府会计改革的经济本质和目标,在一定程度上弥补了从引入新型技术工具、提高政府绩效角度研究政府会计改革问题的不足。

4.在宏观层面上深入研究影响政府会计改革的制度结构问题。其中,从非正式制度(主要是意识形态)角度来理解公共受托责任、新公共管理、财政透明度概念,并且阐述影响政府会计改革的意识形态所具有的基本特征。

5.在特定政府机构这一契约关系集合体框架内,系统分析官僚、政治家和社会公众等各自契约的特征及其激励效应,进而探讨他们对政府会计信息的经济行为,避免先验假定使用者主动需要和利用政府会计信息的研究局限。

关键词:政府会计改革;绩效悖论;成因

目　录

▶▶▶

第一章

导　论

▶▶▶

　　作为开篇部分,本章主要介绍本书涉及的一些说明性问题,包括选题研究的动机及意义、研究思路和方法、研究内容安排以及主要创新点和不足等。

第一节　研究动机及意义　　▶▶

一、选题研究动机

　　20世纪80年代以来,在主张以企业精神重新塑造政府的新公共管理观念的影响下,许多西方发达国家突破持续已久的公共行政框架,进行了轰轰烈烈的公共管理改革运动。这场意义深远的运动从多个维度展开,而不只局限于简单地扩大自由市场、放松政府管制过程的努力。Kettl(2000)认为,它具体表现为六项核心要素,即寻求更高程度的生产率,使用市场化的激励手段来消除官僚制的弊端,更加强烈地依赖市场机制的倾向,从中央到地方政府的更大的放权,不断提高设计和执行公共政策的能力,更加关注政策的产出和实际效果。① 作为整幅画卷的一个重要组成部分,政府会计改革②一开始就处于这些国家新公共

----

　　① Donald F.Kettl.有效政府——全球公共管理革命[M].张怡,译.上海:上海交通大学出版社,2005:1-2.
　　② 从广义上说,会计包括确认、计量、记录和报告一系列前后关联的特定程序和步骤。本书采用了广义的政府会计概念,它对政府机构所从事的具有财务意义的交易和事项进行确认、计量和记录,并通过财务报告这一物质载体将最终结果传递给外部的利益相关者。因此,政府会计改革也是一个广义的概念,包括扩展会计核算对象、引入权责发生制核算基础、遵循公认会计准则、建立新型政府财务报告、进行政府财务报告鉴证等诸多活动。

管理运动的风口浪尖。到目前为止,新西兰、澳大利亚、英国、美国、加拿大、法国等超过半数的经济合作与发展组织(OECD)成员国都在新公共管理框架内进行了不同程度和方式的政府会计改革,而且对发展中国家也产生了一定程度的示范带动效应。可以说,政府会计改革在全球范围内正处于一个大发展的黄金时期。

有关国际组织对世界各国的政府会计改革给予了密切关注并加以研究,其中取得重大成果的当属国际会计师联合会(IFAC)。1996年,IFAC成立了专门负责制定发布权责发生制公共部门会计准则的公共部门委员会(PSC),并于2004年将其进一步更名为国际公共部门会计准则理事会(IPSASB)。2000年,PSC在其制定发布的第11号研究报告中指出,权责发生制的政府会计信息能够帮助使用者准确评价政府及其机构的绩效、财务状况及现金流量,评价其遵循预算的情况,正确做出财政资源配置决策,证明政府使用资源的受托责任履行情况,准确反映政府为其政务活动提供资金的情况并评价其融资及偿债能力,评价政府部门提供产品和服务的成本、效率和效果。① 截至目前,该机构总共发布了24项权责发生制国际公共部门会计准则(IPSASs),初步建立了核心的公共部门(包括政府机构)会计准则体系。为了进一步完善IPSASs体系,IPSASB目前正在努力进行以下工作:为现有的国际财务报告准则(IFRSs)中尚未涉及的公共部门特有的会计问题制定规范,并且发布了关于税收和转移支付的非交换收入处理的第23号具体准则;将已发布的IPSASs与国际货币基金组织(IMF)的政府财政统计手册(GFSM 2001)相协调;以及按改进后的IFRSs修订现行的IPSASs,并于2007年1月发布了对已存在的11项具体会计准则进行修订的公告。② 而且,IMF、世界银行(IBRD)、OECD以及亚洲发展银行(ADB)等其他国际或区域性组织也在以不同方式积极倡导和推动各个国家进行政府会计改革。

在这一过程中,政府会计改革倡导者们通常认为政府会计具有满足受托责任和决策信息需求的技术工具特征,认为将在企业组织中已较为成功应用的会计模式引入政府(即公共部门),可以显著提高其履行公共受托责任(主要为提供公共物品)的绩效,还能够提升信息使用者的决策效率。比如,Lye,Perera和Rahman(2005)针对新西兰政府财务报告进行了研究,并认为政府会计改革是被作

---

① IFAC,PSC. Governmental Financial Reporting:Accounting Issues and Practices[R].Study 11,2000.

② 于国旺.国际公共部门会计准则的发展及其启示[J].财会通讯(综合版),2007(5):98-99.

为广泛的新公共管理框架的副产品引入的,目的是支持以明确的目标、良好的绩效信息、激励和管理自由为基础的管理决策系统。① 沿着这种思路进行分析,政府会计改革本质上属于选择提升公共部门绩效的技术工具的一种理性现象。这其中隐含着如下命题:有效的政府会计必将促使政府高绩效地履行公共受托责任。但事与愿违,Wildavsky(1988)认为,对公共部门会计改革的预期与它的实际成效之间存在着差距。② Humphrey 等(1993)对英国的案例研究也指出,许多公共部门会计改革带有自相矛盾的性质。③ Guthrie(1998)④、Robinson(1998)⑤、Bogt 和

① Lye,L.,H.Perera and A.Rahman.The Evolution of Accrual-based Crown (Government) Financial Statements in New Zealand[J].Accounting,Auditing & Accountability Journal,2005,18 (6):784-815.

② Wildavsky,A.Understanding Organizational Change:OMB and GAO—A Review[J].Accounting,Organizations and Society,1988,13(1):pp.107-109.

③ Humphrey,C.,P.Miller and R.W.Scapers.Accountability and Accountable Management in the UK Public Sector[J].Accounting,Auditing & Accountability Journal,1993,6(3):7-29.

④ 他对澳大利亚公共部门权责发生制会计改革进行了案例研究,并指出权责发生制政府会计改革不仅仅是价值中立的技术性活动。由于缺乏对改革影响的评估,权责发生制作为公共行政中的有效措施被引入公共部门中。但事实上,权责发生制政府会计改革已陷入了矛盾困境中。例如在大多数情况下,权责发生制会计系统并没有比收付实现制做得更好,为资源配置、联合成本分配等问题提供更优的解决方式,甚至还可能产生令财务报告使用者困惑的数据。因此,政府会计改革所宣称的收益与其实际效果之间的差异应当加以研究。见:Guthrie,J.Application of Accrual Accounting in the Australian Public Sector—Rhetoric or Reality[J].Financial Accountability & Management,1998,14(1):1-19.

⑤ 他评估了作为一项管理工具的完全权责发生制会计对提高核心政府微观经济绩效的影响,并且指出完全成本信息并没有像通常假定的那样被使用。尽管在特定情况下这些信息产生了一些管理上的收益,但还不足以补偿核心政府总体上采用完全的权责发生制基础财务报告和预算引起的大量耗费。这说明,核心政府采用完全权责发生制会计不能以“微观经济”的基本原则作为基础。但是,权责发生制会计可以在计量公共部门宏观财政状况,特别是财政政策的跨代权益方面发挥更重要的作用,因此选择会计方法时必须考虑服务于这种目的,而不是假定的微观经济优势。见:Robinson,M.Accrual Accounting and the Efficiency of the Core Public Sector[J].Financial Accountability & Management,1998,14(1):21-37.

Helden(2000)[①]以及 Caperchione(2003)[②]的相关研究都证实了上述观点。这表明,政府会计改革所宣称的绩效目标在一些国家的公共部门中只是有限度地得到实现。这些实践观察表明,在西方发达国家政府会计改革过程中存在着一个"绩效悖论"[③]问题。本书认为,为了确保政府会计改革更有效地达成

---

① 他们依据荷兰政府的经验证据和相关理论发展出一个解释荷兰政府会计改革预期和现实差异的模型,发现政府会计改革受到一系列因素的影响。政府会计改革不是单纯的技术性活动。尽管政治家和高层管理者能够将新的会计系统和程序引入政府,但这并不意味着政府缔约者就会主动使用它们,尤其在政府会计改革脱离政府部门的工作方法时。因此,管理者有必要认识到必须付出大量的努力改变组织文化和工作方式,政府会计改革才可能被完全接受。而且,管理者也必须考虑政府部门的特定性质(即影响政府的内外在因素),以及比引入业绩预算和提升绩效要求更宽泛的政治目标。见 Bogt, H.J.and G.J.Helden. Accounting Change in Dutch Government:Exploring the Gap between Expectations and Realizations[J].Management Accounting Research,2000,11(3):263-279.

② 他依据要求意大利自治区和省采用权责发生制财务报告的《地方政府会计法案》(1995),对 23 个地方政府进行了抽样调查。研究结果表明,地方政府会计改革的目标和实际成效之间存在差距。因此,要成为一个对公共行政真正有效的工具,政府会计改革必须解决下列问题:(1)必须明确不同机构特定的信息需求;(2)会计系统必须与组织结构、公共融资机制、组织文化等公共行政系统的核心要素相一致;(3)会计不能被用于大量的目的。见 Caperchione,E.Local Government Accounting System Reform in Italy:A Critical Analysis[J].Journal of Budgeting,Accounting & Financial Management,2003,15(1):110-145.

③ 悖论,也称"逆论"或"反论",是指一种自相矛盾的命题。它有三种主要形式:(1)一种命题看起来好像肯定是错误的,但实际上却是正确的(佯谬);(2)一种命题看起来好像肯定是对的,但实际上却是错误的(似是而非);(3)一种命题看起来好像无懈可击,却导致逻辑上的自相矛盾。解决悖论问题需要更加深入的创新性思考,而悖论的解决又往往可以给人们带来更深刻的认识。例如,诺斯(1981)提出了新制度经济学中的"国家悖论"学说,即"国家的存在对于经济增长来说是必不可少的;但国家又是人为的经济衰退的根源"(见道格拉斯·C.诺斯.经济史上的结构和变革[M].厉以平,译.北京:商务印书馆,2002:21),这已被历史和当代世界的客观事实所证实。通过这种学说,诺斯为更深刻地认识国家的性质和作用提供了新视角和新见解,使那些主张国家干预论者和自由主义经济学家不得不重新审视自己的理论(见贺卫,伍山林.制度经济学[M].北京:机械工业出版社,2003:157)。政府会计改革"绩效悖论"问题属于似是而非的悖论形式,是指"进行政府会计改革必将显著提升政府履行公共受托责任的绩效(大多数支持者如此预期),但进行了政府会计改革却并没有对政府履行公共受托责任的绩效产生实质性影响(实效)"。换言之,它描述了这样一种客观现象:对政府会计改革的预期与政府会计改革后的实际成效存在差距。本书的研究重点在于以政府会计的契约性和制度性作为立论基础,探讨政府会计改革"绩效悖论"问题的形成原因及其对我国改革预算会计、建立政府会计体系的启示。当前,许多国家、国际和区域组织都在积极主动地倡导和推进政府会计改革,研究该问题有助于突破政府会计改革技术观的局限性,通过新视角、新思维深化对政府会计改革相关问题的认识。

其应有之目标,为推进政府会计改革提供政策建议,我国应当基于西方发达国家政府会计改革的客观现实发展一种实证解释理论,以深刻解读政府会计改革"绩效悖论"问题的形成原因。

二、选题研究意义

自 20 世纪 90 年代以来,我国为建立与市场经济相适应的公共财政体制,相继推行了部门预算、国库集中收付、政府采购、收支两条线等改革措施,进而促使我国改革预算会计、建立政府会计体系这两项工作逐步被提上了政府工作议事日程。国内许多学者也从不同理论角度探讨了政府会计改革的一些相关问题。在这个现实大背景下,研究政府会计改革"绩效悖论"问题具有重大的理论和现实意义。

（一）选题研究的理论意义

从性质上看,包括我国学者在内的政府会计改革研究者从技术观角度论证了新型政府会计在提升财政透明度、受托财务管理水平和提供公共物品绩效方面的重大作用及其如何建立实施的问题。但事实上,这种关于政府会计改革的技术观主要基于以下基本假定:利益相关者在评估政府公共受托责任履行情况和做出资源配置决策过程中将主动应用政府会计信息。但是,许多国外学者有关政府会计改革国别案例的经验研究却提出了针对此项假定的不利证据。例如,Bogt 和 Helden（2000）针对荷兰政府会计改革的案例研究表明,尽管政治家和高层管理者能够将新的会计系统和程序引入政府,但这并不意味着政府缔约者就会主动使用它们。[①] Paulsson（2006）对瑞典公共部门权责发生制会计信息实际使用情况的调查也表明,在其他条件相同时,使用权责发生制会计信息的程度取决于特定部门所处的组织环境及其财务状况。[②]

本书认为,依据理性经济人假设,上述假定的现实性取决于利益相关者在政府履行公共受托责任活动过程中实际受到激励的程度。如果假定缺少现实合理性,那么政府会计改革所宣称的预期绩效目标就不一定能够实现。所以,政府会计改革绝不只是选择可以显著提高政府履行公共受托责任绩效的技术

---

① Bogt, H.J. and G.J.Helden.Accounting Change in Dutch Government: Exploring the Gap between Expectations and Realizations[J].Management Accounting Research,2000,11 (3):263-279.

② Paulsson, G.Accrual Accounting in the Public Sector: Experiences from the Central Government in Sweden[J].Financial Accountability & Management,2006,22(1):47-62.

工具的一种理性活动。为此,本书主要依据新制度经济学和公共选择理论,同时结合政治学、财政学、公共管理等其他学科的理论观点,以政府会计改革的契约性和制度性作为立论基础,解释政府会计改革预期绩效目标和实际成效之间存在差距的原因,即为什么会出现政府会计改革"绩效悖论"问题,从而弥补单纯从技术观角度探讨政府会计改革问题的理论不足。因此从理论上看,本研究不仅能够进一步拓展、丰富政府会计理论的内容,还可以提高政府会计理论的解释力,更好地指导政府会计改革实践。

(二)选题研究的现实意义

1997 年,我国财政部对预算会计制度进行了重大改革,先后制定发布了《财政总预算会计制度》《行政单位会计制度》《事业单位会计制度》和《事业单位会计准则(试行)》以及医院、学校、科研、测绘等特殊事业行业的会计制度。这次改革使预算会计摆脱了计划经济体制的束缚,并逐步向市场经济体制下政府会计模式转变。[①] 但是,随着我国预算会计环境的变化和财政管理改革的推进,现行预算会计制度在核算内容上出现了许多新情况,原来的核算内容及核算方法已经不能适应新的变化,而且与国际政府会计改革趋势中的通行做法存在较大差异,在执行中也暴露出一些深层次的问题,因此亟待进行变革。[②] 2006 年 3 月,中共中央、国务院在《国民经济和社会发展第十一个五年规划纲要》中,正式而明确地提出我国要推进政府会计改革。当前,作为公共财政建设和政府预算管理改革的重要组成部分,改革预算会计、建立政府会计体系的工作已受到我国政府主管部门和学术界的高度重视。如何进行政府会计改革已成为摆在政府主管部门和政府会计理论界、实务界面前的一个现实课题。[③]

伴随着新公共管理运动的蓬勃发展,西方发达国家较早地展开了政府会计改革探索活动,并且取得了实质性进展,有着极为丰富和成熟的经验教训。研究西方发达国家政府会计改革的发展过程和经验教训,并结合我国的实际情况,借鉴其合理且可行之处为我所用,将有利于启动、推进和加快我国改革预算会计、建立政府会计体系的进程。目前,我国已涌现出不少有关西方发达国家政府会计改革问题的研究成果,除了一些学者发表的相关论文外,财政部会计司还组织力量编写了《欧洲政府会计与预算改革》《政府会计研究报告》两

---

① 李建发.论改进我国政府会计与财务报告[J].会计研究,2001(6):9-16.
② 刘光忠.改进我国预算会计制度的思考[J].会计研究,2002(1):25-29.
③ 陈立齐,李建发.国际政府会计准则及其发展评述[J].会计研究,2003(9):49-52.

部研究西方发达国家政府会计改革做法的著作。可以说,我国政府主管部门和学术界对西方发达国家政府会计改革的动因、组织实施以及进展情况有所了解,但对它们已取得的成效是否达到了预期的绩效目标及原因还缺乏客观深入的认识和评估。因此从实践上看,本研究有利于我国系统、全面、客观地认识和分析西方发达国家政府会计改革实践,汲取其中有益的经验教训,对政府主管部门制定科学规范、切实可行的政府会计改革实施策略具有重大的启示意义。

第二节 | 研究思路与方法 ▶▶

一、研究思路

本书依据新制度经济学、公共选择理论以及其他学科的相关理论,基于政府会计的契约性和制度性两大基本属性逐步深入展开分析,解读政府会计改革"绩效悖论"问题的形成原因,并提出一些有益于我国改革预算会计、建立政府会计体系的政策建议。

（一）以阐明政府会计的契约性与制度性作为研究出发点

在新制度经济学中,任何组织形式都可以被看作理性经济主体建立的多边契约关系集合体。许多学者也在尝试从该角度对提供公共物品的政府机构进行模型化,并据以作为立论基础研究政府中出现的一些现象。这种范式能够为研究政府相关问题的学者提供新思路、新视野和新见解。由于会计是任何组织结构的一个组成部分,所以从作为契约关系集合体的组织性质角度能够更好、更深入地认识会计实践为何如此以及如何改进的问题。[①] 具体来说,政府会计是负责提供公共物品的政府的有机组成部分,因此必须在政府机构框架内才能解读政府会计改革"绩效悖论"问题的形成原因。所以,本书将整合新制度经济学中的理论观点,将提供公共物品的政府视作一种契约关系集合体,在此基础上探讨政府会计的两大基本属性(即契约性和制度性),为深入透彻地研究政府会计改革"绩效悖论"问题的形成原因打好立论基础。

---

① Jensen,M.C.Organization Theory and Methodology[J].The Accounting Review,1983,58(2):319-339.

（二）以解读政府会计改革"绩效悖论"问题的成因作为落脚点

综观西方发达国家的实践情况，以引入权责发生制会计基础为典型特征的政府会计改革，通常被视为选择具有价值中性的新技术工具的一种理性行为，以确保政府得到高效管理和控制，解脱公共受托责任与提供决策有用信息。但是，国外学者针对政府会计改革的国别案例经验研究却表明，在一些提供公共物品的政府机构中，政府会计改革所宣称的预期绩效目标只被有限度地实现。尽管政府会计改革的动因极为复杂，涉及多方面的影响因素，实际可操作性较强，但如何进行改革以避免"绩效悖论"问题，首先需要从理论上认清其形成原因。所以，本书将根据经验研究实际观察到的客观结果，在阐明政府会计的契约性和制度性的基础上，深入剖析政府会计改革"绩效悖论"问题的形成原因。在这个过程中，本书还将对一些西方发达国家政府会计改革和国际公共部门会计准则进行考察分析，为进行理论探讨提供必要的具体实践情况的支持。

（三）以提出改革预算会计、建立政府会计体系的政策建议作为延伸

国际政府会计改革潮流的影响和预算会计环境的深刻变化，对我国进行更加深入的政府会计改革提出了迫切要求。但是，由于有着不同于西方发达国家的政治、经济和社会文化背景，所以在借鉴国外政府会计改革经验教训的同时，我国还应当切实考虑本国的实际国情，认真分析利益相关者对政府会计信息的需求，制定科学合理的改革实施策略。从当前现实情况看，尽管改革预算会计、建立政府会计体系的工作已引起我国政府主管部门和学术界的高度重视，但在如何进行政府会计改革问题上还存在一些不同思路和看法。这严重阻碍了我国政府会计改革的前进步伐，因此亟待改进。所以，本书将在解读政府会计改革"绩效悖论"问题形成原因的基础上，提出我国改革预算会计、建立政府会计体系的一些政策建议。

二、研究方法

政府会计研究应当从客观事实出发，在充分占有材料的基础上剖析政府会计的内在发展规律，从而发现现实问题的成因和解决它们的有效途径。基于以上研究思路，本书将主要采用规范研究与实证研究相结合、归纳法与演绎法相结合以及理论分析与案例考察相结合的方法展开研究。

（一）规范研究与实证研究相结合

经济学的研究方法主要包括两大类：规范研究和实证研究。其中，实证研究一般用于解释客观存在的事实，主要回答"是什么"的问题；规范研究主要解

决"应当怎么做"的问题,它通常包括价值判断和政策建议的含义。本书综合运用了这两种研究方法,以确保研究过程相互衔接、前后连贯,研究结论具有理论和现实价值。具体来说,本书以政府会计改革的契约性和制度性作为立论基础,针对政府会计改革的预期绩效目标和实效相脱节的客观事实,深入探索这一问题背后隐含的成因及其作用机制,从而为我国应当如何改革预算会计、建立政府会计体系的工作提供一些政策建议。

(二)归纳法与演绎法相结合

归纳法通常透过现象描述和解释概括出理论命题,演绎法则是从已知的理论中推演出新的理论。本书通过综述国外相关的文献资料,指出当前西方发达国家政府会计改革中存在"绩效悖论"问题,并从对当前研究现状的评述中寻找突破口,在宏观层面的制度大背景下,着眼于微观层面上提供公共物品的政府机构中的会计改革问题。为了解释通过归纳法提出的问题,本书依据新制度经济学、公共选择理论以及其他学科中的相关理论,研究政府会计改革的经济性质和目标、影响政府会计改革的制度结构以及利益相关者利用会计信息进行监督和决策受到的激励程度等问题,提出一个解释政府会计改革"绩效悖论"问题形成原因的理论框架。这有助于我们正确认识和评估国际上政府会计改革的经验教训。

(三)理论分析与案例考察相结合

理论分析是认识、升华和总结客观存在事实的过程,案例考察是分析特定事件以获取知识的活动。本书一方面通过综合国内外相关研究文献,并依据新制度经济学、公共选择理论以及其他学科中的相关理论,针对西方发达国家政府会计改革中存在的"绩效悖论"问题的形成原因展开理论分析;另一方面,在理论分析结论的指导下,对一些西方发达国家政府会计改革实践情况进行系统的考察,以正确认识和评估它们在这方面的经验教训,并且为理论分析提供必要的支持。这种理论联系实际的研究方法,有利于我国合理借鉴国际经验和结合本国国情,提出改革预算会计、建立政府会计体系的政策建议。

第三节 | 研究内容安排 ▶▶

本书以新制度经济学理论作为主要依据,同时结合其他学科已有的研究成果,在阐述政府会计两大基本属性的基础上,对政府会计改革的相关问题进行研究,以解释政府会计改革"绩效悖论"这一源于实践观察的命题。具体来

说,本书计划研究的内容安排如下:

第一章"导论"。本部分主要介绍本研究选题的动机及意义、研究思路、研究方法、内容安排以及主要创新与不足等基本问题。这有助于读者对本书的整体情况形成一个初步的认识。

第二章"国内外政府会计改革研究综述"。本部分综述国内外有关政府会计改革问题的一些研究文献。目前,政府会计改革问题受到西方国家的高度重视,关于政府会计改革的研究逐渐增多。这些研究通常以相关学科已有的理论成果作为依据,带有极为明显的跨学科特征。在政治经济社会文化环境变化的推动下,我国逐步启动了对改革预算会计、建立政府会计体系问题的研究,但与国外的研究水平相比,还存在一定的差距,因为我国主要集中于探讨政府会计改革的必要性和实施方式这两个问题,对其他问题的关注程度相对较低,采用的理论依据也较为有限。

第三章"政府会计:新制度经济学的诠释"。新制度经济学是现代经济学的一个重要分支,为人们认识经济组织的性质以及契约与制度安排提供了有力的理论工具。所以,本部分依据新制度经济学的理论观点来诠释政府与政府会计问题:首先,明确指出政府机构作为一种负责提供公共物品的经济组织的性质;其次,详细论证了政府会计所具有的两大基本属性,即契约性和制度性。从结构上看,本部分可以为深入探讨政府会计改革"绩效悖论"问题打下立论基础,本部分也是本研究的出发点。

第四章"政府会计改革的经济本质和目标"。本部分基于政府会计的契约性和制度性,在微观层面上从提供公共物品的政府机构的立场,探讨政府会计改革的经济本质及其目标:首先,简要描述政府会计改革的国际实践情况,并指出这些繁杂现象背后所蕴含的经济本质;其次,回顾国内外关于政府会计目标的研究结论,对政府会计改革目标进行认定、反思与重构。从结构上看,本部分是研究政府会计改革"绩效悖论"成因问题过程中一个承前启后的阶段。

第五章"政府会计改革衍生问题(一):制度结构"。本部分主要探讨宏观层面上影响政府会计改革的正式制度和非正式制度:首先,在描述西方发达国家以及有关国际组织普遍做法的基础上,从具体定义、制定主体以及层级结构等方面系统总结影响政府会计改革的正式制度,分析它们所共有的性质及相互关系;其次,剖析影响提供公共物品的政府机构的非正式制度(主要是意识形态),借助新制度经济学这一理论工具,从形成与发展、信息费用和道德评判等方面,阐述影响政府会计改革的意识形态所具备的基本特征;最后,探讨这种制度形式之间的相互关系。

第六章"政府会计改革衍生问题（二）：契约及其激励效应"。从微观层面上看，每一个政府机构都是负责提供公共物品的经济组织，其利益相关者通过缔结契约而联结在一起。本部分主要关注政府机构涉及的官僚、政治家和社会公众等利益相关者，阐述其作为理性经济主体各自所面临契约的特征，并依次分析这些主体对应的经济行为以及对待政府会计信息的偏好。

第七章"政府会计改革'绩效悖论'成因分析与应用"。本部分将在先前研究内容的基础上，对政府会计改革"绩效悖论"问题的形成原因进行理论解释，并应用得出的研究结论探讨我国 1997 年预算会计改革和国际公共部门会计准则这两个实际问题，以体现本书研究的现实意义。

第八章"研究结论与政策建议"。本部分对前文的理论观点进行概括总结，简要指出所得到的主要研究结论。当前，我国改革预算会计、建立政府会计体系的工作已提上了政府部门议事日程。针对这一问题，本部分将依据研究结论提出一些可供参考的政策建议。

本书各章内容的逻辑框架如图 1-1 所示。

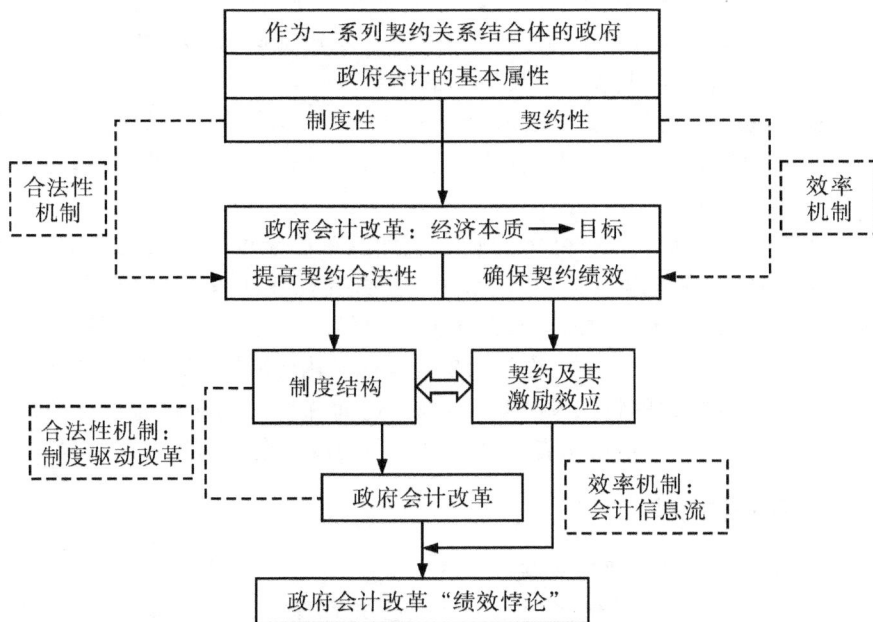

图 1-1　本书各章内容逻辑框架

总体而言,本书在指出提供公共物品的政府机构的经济组织性质的前提下,以阐明政府会计具有的两大基本属性(即契约性和制度性)作为切入点逐步展开分析,对政府会计改革中的相关问题分别进行深入的探讨,为政府会计改革"绩效悖论"问题的形成原因提供理论解释,并提出一些有益于我国改革预算会计、建立政府会计体系的政策建议。

第四节 主要创新与不足 ▶▶

一、本书的主要创新

综合掌握的研究资料看,本书在以下几方面有一定程度的创新性:

1.以政府会计改革"绩效悖论"作为研究主题,在理论上解释为何政府会计改革不一定能够按预期提高政府绩效,突破着重从必要性和实施方式两个角度研究政府会计改革问题的局限性。

2.将政府机构视为负责提供公共物品的生产性"企业",阐明它们作为一系列契约关系集合体的经济组织性质,并进一步论证政府会计的契约性和制度性,明确政府会计与其相关制度之间的关系。

3.在微观层面上深入研究政府会计改革的经济本质和目标,在一定程度上弥补了从引入新型技术工具、提高政府绩效角度研究政府会计改革问题的不足。

4.在宏观层面上深入研究影响政府会计改革的制度结构问题。其中,从非正式制度(主要是意识形态)角度来理解公共受托责任、新公共管理、财政透明度概念,并且阐述影响政府会计改革的意识形态所具有的基本特征。

5.在特定政府机构这一契约关系集合体框架内,系统分析官僚、政治家和社会公众等各自契约的特征及其激励效应,进而探讨他们对政府会计信息的经济行为,避免先验假定使用者主动需要和利用政府会计信息的研究局限。

二、本书存在的不足

本书存在的不足主要体现在以下几方面:

1.政府会计研究涵盖经济学、社会学、公共管理学、公共财政学以及政治学等多学科,但由于知识水平有限,理论把握尚不到位,体系整合不够完善,所以本书只能初步借用这些学科的研究成果阐述相关问题,理论深度有待进一步提升。

2.本书从一般意义上研究政府会计改革"绩效悖论"成因问题,关注那些直接影响政府会计改革的制度因素,但忽略了世界各国自身的实际情况。这使本书的分析结论在一定程度上缺乏现实合理性。

3.由于本书的选题在我国较少受关注,因此缺少可供参考的中文研究资料,只能借鉴国外政府会计改革研究的一些成果。但由于这些研究缺乏系统性,而且理论依据多种多样,所以本书的一些分析和结论显得不够深入。

4.尽管利用了一些经验研究的结论,但本书主要采用规范研究方法,许多结论没有经过客观事实的检验,因而存在研究方法上的局限性。

5.本书重点在于解读政府会计改革"绩效悖论"成因,没有将政策建议作为研究的核心内容,没有系统提出我国当前环境下改革预算会计、建立政府会计体系的具体做法及实施方式。

第二章
国内外政府会计改革研究综述

▶▶▶▶

本章将综述国内外有关政府会计改革问题的一些研究文献,并对这些研究成果进行简要的评价,找出其中存在的不足以及可资借鉴之处,从而为本书研究政府会计改革"绩效悖论"问题的形成原因创造条件。

第一节 国外政府会计改革研究综述 ▶▶

20 世纪 80 年代以来,世界上许多国家先后对本国的政府会计进行了重大改革。伴随着这一改革过程,国外关于政府会计改革问题的理论和实证研究日益增多。许多西方学者借鉴其他学科已有的研究成果和方法,从多个角度对政府会计改革问题进行解释,拓展了政府会计改革研究的视野,形成了极有启示意义的研究结论。因此,国外政府会计改革问题研究呈现出一种典型的跨学科特征。

一、新公共管理视角下的政府会计改革

从理论角度看,新公共管理以现代经济学(包括公共选择理论、代理理论和交易成本经济学)和私人部门的管理理论与方法作为基础。它提出了一个与众不同的高度理性主义的管理活动方式,在这个过程中:选择来自目标分析和对替代途径的评估;组织管理以可支配资源的需要为依据;存在诱导个人为组织利益工作的控制机制;以目标作为衡量个体、子单位以及整个组织绩效的

关键尺度。① 从实践角度看,20 世纪 80 年代中期以来,西方发达国家公共部门的管理方式已发生了变化,以官僚制为基础的传统行政管理模式正在转变为一种以市场为基础的新公共管理模式。② 一些西方学者正是从新公共管理角度探讨政府会计改革问题的。

McCulloch 和 Ball(1992)研究了新西兰公共部门管理改革的情况及其对核心部门财务报告的影响。他们指出,四个相互联系的概念③构成了新西兰公共部门管理改革框架的关键组成部分,对核心部门的财务报告实务产生了重要影响。具体来说,这四个概念要求核心部门的财务报告转向完全的权责发生制会计基础,在很大程度上采用已在私人部门应用的公认会计实践,以及提供明确的服务绩效报告。新西兰公共部门会计改革不仅是以上概念的必然结果,也是公共部门管理改革项目的必要组成部分,其目的在于提高公共部门绩效。④

Lapsley(1999)通过梳理综述相关研究文献发现,有关对政府会计在新公共管理中的作用这一问题,存在着矛盾的观点。一种观点认为政府会计扮演着确保实质性绩效的工具性角色,另一种观点认为政府会计只是理性化和现代化的新公共部门的一个组成部分。他认为,政府会计应用于公共服务活动中的一个主要方式在于计算产出数量。新公共管理有可能只关注提供服务的数量而牺牲质量。这种现象强化了会计对其他信息渠道的主导优越性,但也可能造成非理性行为,或者至少阻碍了新公共管理思想与政府组织中关键群体活动的融合。⑤

---

① Lapsley, I. and J. Pallot. Accounting, Management and Organizational Change: A Comparative Study of Local Government[J]. Management Accounting Research, 2000, 11 (2): 213-229.

② Owen E. Hughes. 公共管理导论[M]. 2 版. 彭和平, 等译. 北京: 中国人民大学出版社, 2001: 283.

③ 这四个概念分别是:(1)内阁大臣和部门领导之间的受托责任关系;(2)产出与结果之间的区别;(3)对投入资源的控制;以及(4)政府对部门的购买权和所有权之间的区分。

④ McCulloch, B. W. and I. Ball. Accounting in the Context of Public Sector Management Reform[J]. Financial Accountability & Management, 1992, 8(1): 7-12.

⑤ Lapsley, I. Accounting and the New Public Management: Instruments of Substantive Efficiency or a Rationalising Modernity? [J]. Financial Accountability & Management, 1999, 15(3/4): 201-207.

Hepworth(2001)从支持新公共管理改革的角度,介绍了英国资源会计和预算改革情况及经验。他认为,资源会计与预算改革只是英国新公共管理改革过程的一个组成部分,其实质在于为决策者提供全面、可靠的信息。它提高了为经济管理目的服务的信息和预算分配与公共服务管理信息之间的一致性,为合理地比较公共部门和私人部门的活动情况提供了可靠保障,推动了这两类部门之间的相互竞争与合作。而且,新公共管理中的其他各项改革也使得在预算和会计领域中推行改革显得更有意义。在英国,如果各种改革没有先一步或同时实施,资源会计与预算改革只能取得很有限的效果。[1]

二、制度理论视角下的政府会计改革

制度理论是组织社会学研究领域中的一个重要分支学派,它源于 Meyer 和 Rowan(1977)[2]以及 DiMaggio 和 Powell(1983)[3]的开创性研究工作。该理论强调合法性机制在组织与制度环境关系中的重要作用,有助于解释同一制度环境中的组织在内部结构、过程和行为诸方面的趋同现象。一些西方学者依据制度理论对政府会计改革问题进行了研究。

Seal(1999)运用制度理论中的组织场模型讨论了制度因素对英国地方政府竞争投标和会计改革的影响。在该模型中,地方政府处于组织场的中心,而且同时受到强制性、规范性和竞争性市场三种制度力量的影响。在这些制度

---

[1] 陈小悦,陈立齐.政府预算与会计改革——中国与西方国家模式[C].北京:中信出版社,2002:101-148.

[2] Meyer 和 Rowan(1977)认为,组织不仅追求适应所处的技术环境以实现效率,而且受制于制度环境。许多组织的制度和行为源于它们追求符合当代社会制度环境的预期,以获取合法性、资源和稳定性,提高自身生存发展的可能性,而不管这些制度和行为对其内部运作是否有效率。这种做法常常导致"制度化的组织"以及组织趋同性的结果。见:Meyer, J. W. and B. Rowan. Institutional Organizations: Formal Structures as Myth and Ceremony[J]. American Journal of Sociology, 1977, 83(2):340-363.

[3] DiMaggio 和 Powell(1983)从组织场(即在总体上构成一个公认的制度生活领域的组织)的层次进一步讨论了组织趋同过程的渊源。他们提出了导致组织趋同的三个机制:第一是强制机制,即制度环境通过政治影响力和合法性强迫各个组织接受有关的制度和管制;第二是模仿机制,即各个组织模仿同领域中成功组织的行为和做法以解决不确定性问题;第三是社会规范机制,即主要产生于专业化的社会规范对组织或个人所扮演角色或行为规范的约束作用。见:DiMaggio, P. and W. W. Powell. The Iron Cage Revisited: Institutional Isomorphism and Collective Rationality in Organizational Fields[J]. American Sociological Review, 1983, 48(2):147-160.

力量的作用下,地方政府逐步采纳了竞争投标政策,而且使交易账户、资产估价和收费等会计改革比20世纪六七十年代的一些其他方法更深入到地方政府之中。[①]

Carpenter和Feroz(2001)依据制度理论和资源依赖理论提出了一个分析框架,以更好地理解公共部门选择遵循会计规范的过程。他们通过对美国四个州政府采纳公认会计原则(GAAP)的过程进行调查,解释了制度压力如何影响州政府采纳或拒绝使用GAAP的决策。研究表明,联邦政府、职业会计组织和信贷市场代表产生了促使州政府采纳GAAP的制度压力。州政府至少受到强制性和规范性两种形式的同质性制度压力的影响,而且由于它们力量强大,因此所有抵制采纳GAAP的策略反应终将失败。但作为制度程序,GAAP没有显著改变财政危机时期导致州政府赤字的预算实践和政治过程,财务管理控制系统也主要是以收付实现制为基础的。所以,采纳GAAP更多的是作为州政府合法性的符号,而不是实际的财务管理工具。这意味着,GAAP是作为合理的财政管理实践标志推荐给被选举官员和公众的。[②]

Potter(2002)依据制度理论研究了澳大利亚公共部门财务会计改革问题。他认为,会计管制要求公共部门采用商业会计和报告实践,却又不恰当地使用了受托责任和绩效的传统会计概念,因为许多受管制组织的主要目标不是财务的。在澳大利亚,会计概念框架对会计改革的性质和内容具有重要影响,因此将其描述为一项制度可以解释这种现象。他认为,会计概念框架已用财务术语重构了非营利文化组织的受托责任和绩效概念,在编制商业会计报告和改进公共部门受托责任及绩效之间建立了表面上看来不变的、不受质疑的关系。这为特定公共部门在已确立的会计计量和披露规则内解决受托责任和绩效问题提供了指南,要求公共部门进行商业会计披露的详尽的会计管制也因此被发展出来。这些管制的出现及其随后的改进和辩护在很大程度上基于会计概念框架中的假定,即要求提供的信息对感兴趣的报表使用者是有益的。在这个过程中,尽管只有特定的问题被提出来,但与会计管制相关的许多

---

① Seal,W.Accounting and Competitive Tendering in UK Local Government:An Institutionalist Interpretation of the New Public Management[J].Financial Accountability & Management,1999,15(3/4):309-327.

② Carpenter,V.L.and E.H.Feroz.Institutional Theory and Accounting Rule Choice:An Analysis of Four US State Governments' Decisions to Adopt Generally Accepted Accounting Principles[J].Accounting,Organizations and Society,2001,26(7):565-596.

问题都没有得到解决。①

三、公共选择理论视角下的政府会计改革

兴起于 20 世纪 60 年代的公共选择理论,是一门介于经济学和政治学之间的交叉学科。Mueller(1979)认为,该理论可以定义为非市场决策的经济研究,或者简单地定义为把经济学应用于政治科学。公共选择的主题与政治科学的主题是一样的:国家理论、投票规则、投票者行为、政党政治学、官僚政治等。公共选择方法仍然是经济学的方法。像经济学一样,公共选择理论的基本行为假设是,人都是一个自利的、理性的、追求效用最大化的人。② 一些西方学者利用公共选择理论的观点和方法,研究了政府会计改革问题,特别是政府会计信息的需求和使用情况。

Zimmerman(1977)提供了一个政府会计信息披露的实证理论模型,用于解释政府会计为何采取基金会计的形式而不进行改革。他认为,作为理性的追求效用最大化者,影响基金会计程序选择的利益群体对会计信息的需求和供给取决于他们受到的激励。由于投票者(委托人)和政治家(代理人)不能占有体现为资本化价值的其当前活动的未来经济利益,所以投票者没有监督公共官员的激励,因而不会需要对监督公共官员有用的信息。而且,政治企业家利用自身职权和偏好与特定利益群体订立契约以增加个人福利,并通过基金会计将处理成本强加于其他利益群体,同时也使这些群体不可能完全察觉政治家拒绝同他们交换的理由。Zimmerman 通过分析提出两条假设:(1)在当前的政府制度环境下,投票者和政治家不会自愿进行政府会计改革,因为这些改革产生的收益不足以补偿个体所承担的成本;(2)如果政府会计改革是法律强制的,这项立法对监督公共代理人的数量和代理成本水平的影响可以忽略。③

Ingram 和 Copeland(1981)实证检验了政府会计数据用于解释投票决策的潜在有用性。他们假定,会计信息能够成为传递有关在职者决策经济影响

① Potter,B.Financial Accounting Reforms in the Australian Public Sector:An Episode in Institutional Thinking[J].Accounting,Auditing & Accountability Journal,2002,15(1):69-93.

② Dennis C.Mueller.公共选择理论[M].杨春学,等译.北京:中国社会科学出版社,1999:4.

③ Zimmerman,J.L. The Municipal Accounting:An Analysis of Political Incentives[J].Journal of Accounting Research,Suppl.1977,15:107-144.

的工具。如果会计数据的获取和分析成本较低以及被视作对经济影响的有效计量时,投票者就可能将其内化于自己的决策中。研究结果表明,政府会计比率提供了能够在投票决策中使用的信息。作为选举结果的一个鉴别器,政府会计比率与投票者对政策经济影响的评估是一致的,因此它们能够向投票者传递有助于定量化政策影响的信息。他们认为,投票者一般能够意识到在职者财政政策的影响,并将这一信息内化于他们的投票决策中。至少在一些情况下,政府会计数据可以成为投票者对在职者绩效特定方面的评估结果的替代物。[1]

Ingram(1984)对一些经济因素和美国州政府会计实践的关系进行了经验研究。研究表明,州政府会计信息披露的数量取决于利益群体受到监督激励的大小程度。投票者联盟的形成,减少了外在监督的成本,使投票者受到更大的激励去监督政府财务;被任命的行政官员有更大的内部激励去监督政治行为;报酬较高的行政人员受到减少债务成本的激励程度较高。这些都会提升政府会计信息披露水平。因此,与会计披露准则中的建议相比,选民和行政官员的信息需求情况对州政府会计信息披露程度的影响更强。[2]

Mayston(1992)依据公共物品模型研究了公共部门会计信息需求问题。结果表明,如果由使用者单独行动,那么提供和使用的信息数量为零。这说明,在自愿行动条件下获取、处理和使用信息的数量低于社会最优水平。所以,必须由政府官员或政治家提供这种信息。但是,提供社会最优数量的信息可能不符合他们的利益。在这种情况下,需要有充分根据的公共部门会计概念框架,以明确界定和回答与保护投票者、消费者和纳税人利益相关的问题,并提供判断和改善所披露会计信息的标杆。[3]

Copley 等(1997)通过梳理已有的一些会计和政治经济学文献,研究了美国政府会计准则委员会(GASB)提出的政府整体权责发生制财务报告能否为公民这一主要的选民类别提供收益。分析表明,由于影响政府决策程序的困难性,公民没有获取和理解财务数据的激励,即使这样做的成本很低。因此,

---

① Ingram,R.W.and M.Copeland.Municipal Accounting Information and Voting Behavior[J].The Accounting Review,1981,56(4):830-843.

② Ingram,R.W.Economic Incentives and the Choice of State Government Accounting Practice[J].Journal of Accounting Research,1984,22(1):126-144.

③ Mayston,D.Financial Reporting in the Public Sector and the Demand for Information[J].Financial Accountability & Management,1992,8(4):317-324.

没有理由预期这些改革会提高公民使用政府财务报告的水平,但公民也可以间接地从 GASB 对权责发生制财务报告的要求中获益。[①]

四、信息经济学视角下的政府会计改革

信息经济学是现代经济学一个不可或缺的组成部分,其核心内容来自 Akerlof、Spence 和 Stiglitz 三位学者在"信息不对称"市场研究方面所做出的努力。该理论强调信息不对称对经济行为的影响及其后果,提出了"逆向选择"和"道德风险"的命题,剖析了信号传递等解决途径的作用机制。它对传统的新古典经济学的基本假定提出了质疑和挑战,解决了许多新古典经济学无法回答的问题,具有极为重大的理论和实践意义。一些西方学者正是依据信息经济学理论探讨了政府会计改革(特别是其中的信号传递机制)问题。

Evans Ⅲ 和 Patton(1987)依据公共部门中的信息不对称提出了一个正式模型,以说明与公共部门会计和审计政策决策相关的信号传递和监督激励现象。信号传递激励模型表明,由于存在分离均衡结果,承担更多债务和具有更高管理者报酬的城市更可能产生一些可观察的特征(如参加财务报告鉴证项目),从而向外界传递信号;监督激励模型表明,政治竞争程度越激烈,政治家就越倾向于向监督系统投入更多。因此,在公共部门信息不对称条件下,信号传递激励和监督激励能够影响财务报告和审计的质量。他们的经验研究支持了信号传递激励假设,但没有发现监督激励作用的证据。[②]

Giroux 和 McLelland(2003)利用美国一些大城市的样本检验了治理结构对政府会计披露水平和财务状况的重要性。他们认为,在市长—市议会和市议会—管理者这两种治理结构下,作为首席执行官(CEO)的市长和管理者面临的激励是十分不同的。市长被假定寻求再次当选,所以有取悦关键选民(满足重要的特殊利益需求)的政治动机,因此没有获得良好财务结构的激励。但是,作为职业 CEO 的管理者需要通过高水平的财务和会计业绩作为信号向外界传递关于他们能力的信息,因此受到保持较强的财务结构和提供良好财务报告的激励。所以,市议会—管理者型治理结构的大城

---

① Copley,P.A.,R.H.Cheng,J.E.Harris,R.C.Icerman,W.L.Johnson,G.R.Smith,K.A.Smith,W.T.Wrege and R.Yahr.The New Governmental Reporting Model:Is It a "Field of Dreams"? [J].Accounting Horizons,1997,11(3):91-101.

② Evans Ⅲ,J.H.and J.M.Patton.Signaling and Monitoring in Public-Sector Accounting[J].Journal of Accounting Research,1987,25(3):130-158.

市应当在政府会计披露水平和财务状况方面优于市长—市议会型治理结构的大城市。①

五、资本市场会计研究与政府会计改革

资本市场会计研究是现代会计理论研究体系的一个重要组成部分。它拓展了会计学的研究领域,体现了会计研究方法创新,因而受到会计界的广泛关注和应用。该类研究以经验(实证)方法为基础,以数学模型为工具,利用已获得的客观数据检验会计信息与证券价格的关系以及其他相关问题。一些西方学者将这种方法用于研究政府会计改革问题,以解释和预测政府会计信息披露所带来的债券市场价格反应,确认政府会计信息是否会影响政府债券现有和潜在投资者的决策。

Ingram、Raman 和 Wilson(1989)通过观察发布政府财务报告时的市场反应(表现为债券价格变化),检验了政府年度报告是否直接向债券市场传递新信息。他们没有获取表明市政债券投资者会在年度报告公布时利用报告中的信息调整债券价格的证据。相比之下,新债券发行以及债券评级公告与显著的市场反应相关。结果表明,尽管与涉及新发债券和评级评估决策相关的关于具体发行者的会计信息可能被债券投资者使用,但投资者不会在信息公布时直接将这些信息内化于二级市场价格。他们认为,出现这种现象的原因在于市政债券市场规模相对较小,使个体投资者难以获得监督地方政府会计信息的收益,而且还可能因缺少明确的政府绩效标准以及会计报告中包含的信息太过复杂而使这种情况更加严重。因此,较高的成本/收益比率可以解释投资者依赖评级机构评估市政债券违约风险以及对评级公告做出市场反应的现象。②

Feroz 和 Wilson(1992)利用市场细分模型检验了政府财务信息披露对新发行市政债券净利息成本的影响。这一研究是检验财务会计披露对证券价格和收益影响的资本市场会计研究向公共部门的扩展。他们假定,市政债券市场可以按照全国和地区标准进行细分,而且政府财务信息披露的有用性取决于债券交易市场的类型。在全国市场上,由于投资者易于取得确定信用价值

① Giroux,G. and A.J.McLelland. Governance Structures and Accounting at Large Municipalities[J].Journal of Accounting and Public Policy,2003,22(3):203-230.

② Ingram,R.W.,K.K.Raman and E.R.Wilson.The information in Governmental Annual Report:A Contemporaneous Price Reaction Approach[J].The Accounting Review,1989,64(2):250-268.

的替代性信息,因此政府财务信息披露的质量不会被定价;在地区市场上,由于没有关于政府机构管理质量的替代信息,所以债券成本会随着财务信息披露质量的提高而降低。因此,在政府财务信息披露质量与利息成本之间的关系方面,在地区市场上发行市政债券的城市要强于在全国市场发债的城市。①

六、研究评价与启示

政府会计改革问题受到西方发达国家的高度重视,也涌现出许多相关研究成果。通过对国外研究文献资料进行回顾和分析评价,有助于揭示其具有的重要启示意义。

首先,这些文献资料运用了多种理论和方法,包括新公共管理、制度理论、公共选择理论、信息经济学以及资本市场会计研究,呈现出一种典型的跨学科研究特征。这种做法值得提倡,因为从其他学科或理论视角研究政府会计改革问题有助于摆脱"就会计论会计"的困境,进一步拓宽研究视野和思路,深化对政府会计改革问题的认识,更加理性客观地看待各国政府会计改革实践。受这些研究的启示,本书提出了以下问题:(1)是否还可以依据其他学科研究政府会计改革问题? 当前,新制度经济学理论已被人们广泛用于研究企业及其会计问题,那么,该理论是否也可以同样用于研究公共部门及其会计问题?(2)从新制度经济学视角看,负责提供公共物品的政府机构的本质何在? 它是否可以像企业一样被视作一系列契约关系的集合体? 如果可以的话,那么政府机构区别于企业的显著特征又有哪些? 此外,政府机构与其外部制度之间又存在什么关系?(3)从新制度经济学视角看,政府会计的本质是什么? 它与政府会计制度之间存在什么关系? 等等。以新制度经济学作为理论依据研究政府及其会计问题,对进一步开拓研究视野和思路、丰富发展政府会计理论十分有利。

其次,一些文献资料对政府会计改革的性质和目标进行了分析,通过提出理论模型和进行经验研究的方式,从多个角度解释了政府会计改革现象。但从其研究结论看,这些文献对政府会计改革性质和目标的认识存在矛盾。这主要体现在:(1)新公共管理视角的研究认为,政府会计改革实质上是引入一种技术工具,以强化受托责任和满足使用者的信息需求,确保政府机构高绩效

---

① Feroz,E. H. and E. R. Wilson. Market Segmentation and the Association between Municipal Financial Disclosure and Net Interest Costs[J].The Accounting Review,1992,67 (3):480-495.

地运行。而且,政府会计改革本身也构成了新公共管理改革的一个必要组成部分。(2)制度理论视角的研究认为,政府会计改革只是政府机构提高其合法性的一种符号,它是政府机构受制于制度环境的影响、屈从于制度压力的结果,而非出于提高政府绩效的考虑。(3)信息经济学视角的研究认为,政府会计改革是一种信号传递活动。也就是说,代理人通过良好的会计业绩向外界传递关于他们能力的信息。受这些研究的启示,本书在这里提出了一些疑问:(1)政府会计改革的国际实践是错综复杂的,它们是否具有共同的经济本质?如果有的话,那么又是什么?从上文来看,对这两个问题,这些文献没有给出令人满意的解释。(2)政府会计改革的目标应当如何界定?有关机构和学者关于政府会计目标的研究结论对其有何意蕴?存在什么问题?(3)政府会计改革的目标又要求深入关注哪些问题?这些问题实际上一脉相承、一环扣一环,可以通过基于新制度经济学理论的政府会计研究依次得到解答。

再次,一些研究文献对理性经济主体需求、利用或者供给政府会计信息的行为进行了研究。这主要表现在:(1)公共选择理论视角的研究分析了处于政治市场中的经济主体(包括选民、利益集团、官员和政治家等)受到的激励,以及由此所确定的需求、使用或者供给政府会计信息的行为情况;(2)资本市场会计研究方法有助于揭示政府债券投资者是否会在其决策过程中使用已披露的政府会计信息。总体而言,这些研究在一定程度上弥补了先验假定使用者必会利用政府会计信息的局限性,有利于审视和预测利益相关者对待政府会计改革的可能态度。但是,本书还存在以下有待解决的问题:(1)在提供公共物品的政府机构中,像政治家、官僚和社会公众等主体受到的激励是由什么所决定?从新制度经济学角度看,这应当取决于他们所缔结的契约结构。(2)政治家、官僚和社会公众所面临的契约结构各有什么特征?(3)这些特征会促使政治家、官僚和社会公众按照什么原则采取行动?怎样对待政府会计信息?当然,分析这个问题需要依据公共选择理论的相关观点。(4)政治家、官僚和社会公众对待政府会计信息的行为,会对进行政府会计改革、提高政府绩效产生什么样的经济后果?本书认为,这些问题在政府会计改革问题研究中应当给予足够的关注,因为这有助于深入认识政府会计信息发挥作用的机制,廓清政府会计改革达成其预期绩效目标的前提条件。

最后,本书在第一章导论部分引用了一些国外的相关文献,它们对西方发达国家改革后的政府会计实际运行情况进行了评估,通过实证调查研究了政府会计改革的现实成效。研究结果表明,政府会计改革并未实现其所宣称的预期绩效目标。那么,政府会计改革"绩效悖论"问题的形成原因是什么?通过解答上文提出的问题,是否可以建立一套较为严密的理论逻辑框架,为政府会计改革"绩效悖论"问题提供合理的解释?本书认为,这一点可以做到,而且这也是本书努力的方向所在。它可以进一步拓展、丰富政府会计理论的内容,提高政府会计理论的解释力,使其更好地指导政府会计改革实践。

第二节 国内政府会计改革研究综述 ▶▶

1997年预算会计改革以来,随着我国政治经济社会文化环境的变化和政府主管部门的高度重视,我国会计学术界深入展开了政府会计改革问题研究,并且取得了许多研究成果。

一、政治经济环境变化与政府会计改革

一些学者研究了我国政治经济环境变化对现行预算会计制度的影响,并提出了有益于推进政府会计改革的对策建议。张雪芬(2001)认为,预算管理制度的改革,包括编制部门预算、实行国库单一账户、建立政府采购制度等,客观上要求我国现行的财政总预算会计与行政单位会计合二为一,成为政府会计;事业单位会计向非营利组织会计靠拢。非营利组织会计不仅包括事业单位、还包括民办非企业单位、社会团体及各种基金会等。[①] 李建发(2001)对我国1997年预算会计改革的成果进行了评估,指出这次改革并没有达到预期目的,也不能适应不断变化的客观经济环境的需要。因此,我国应当借鉴国际公共部门会计与财务报告的通常做法,吸收我国企业会计与财务报告改革的成功经验,并着重从政府会计名称、政府会计对象、政府会计模式、政府会计基础以及政府财务报告等方面进行改革,以保证政府向社会公众提供真实、完整的财务信息。[②] 刘光忠(2002)认为,随着财政预算管理制度改革的推行,我国收付实现制预算会计在执行中逐渐暴露出诸多问题,主要包括:不能真实、完整地核算和反映实施国库集中收付制度和政府采购制度后出现的新业务;不能为编制部门预算、实行"零基预算"方法,提供相关的会计信息;不能全面、完整地反映政府债务;政府会计信息不完整、透明度不够,缺乏完整的反映政府财

---

① 张雪芬.预算会计改革思考[J].会计研究,2001(4):43-45.
② 李建发.论改进我国政府会计与财务报告[J].会计研究,2001(6):9-16.

务状况的财务会计报告。要解决这些问题,必须对现行预算会计制度进行改革。① 陆建桥(2004)指出,随着公共财政体制改革和政府及财政职能的转换,我国整个预算会计环境与1998年制定预算会计制度的时候相比发生了很大变化,社会各界对政府会计信息的需求已经逐渐凸现出来。但目前,我国现行预算会计制度偏重于满足政府财政预算管理的需要,采用收付实现制会计基础,提供会计信息的范围非常有限,无法满足相关信息使用者的需要,在许多方面已经不适应政府财政职能转换和公共财政体制改革的要求,因此亟待进行政府会计改革,构建政府会计规范体系。② 刘玉廷(2004)认为,我国市场经济环境已发生的巨大变化,尤其是政府职能转换、公共财政体制改革、政府收支分类科目变化、政府绩效评价制度建设和政府监督的加强,对反映政府经济活动的政府会计信息提出了更高要求,因而需要积极推进政府会计改革。③ 王晨明(2006)对我国当前政府会计环境中的各种影响因素进行了深入研究,并以此为起点探讨了我国应当选择何种政府会计改革模式以及具体实施策略等问题。④

二、国际经验借鉴与政府会计改革

针对现行的预算会计制度,我国一些学者依据国外的政府会计模式,进行了有益的对比研究和借鉴。赵建勇(2001)根据IFAC公共部门委员会第11号研究报告和GASB第34号政府会计准则中的研究成果,探讨了政府财务报告的目标、主体、确认基础、报告模式和预算报告等基本理论问题,并提出了我国应当如何进行预算会计改革的一些建议。⑤ 宋衍蘅和陈晓(2002)从政府会计目标、信息使用者、计量基础、会计报告模式和准则制定机构等方面详细剖析了西方国家不同政府会计模式的特征,并从法律体系、议会与政府之间的关系以及中央和地方政府的关系等角度阐述了这些模式存在差异的原因。他们通过分析认为,我国预算会计制度带有西方国家不同政府会计模式的一些综合特征,而且不适应政治经济环境的变化,无法满足现阶段公共财政管理的需要,因此应当从重新明确预算会计分类、引入权责发生制计量基础和完善政

---

① 刘光忠.改进我国预算会计制度的思考[J].会计研究,2002(6):25-29.
② 陆建桥.关于加强我国政府会计理论研究的几个问题[J].会计研究,2004(7):3-9.
③ 刘玉廷.我国政府会计改革的若干问题[J].会计研究,2004(9):3-6.
④ 王晨明.政府会计环境与政府会计改革模式论[M].北京:经济科学出版社,2006.
⑤ 赵建勇.政府财务报告问题研究[M].上海:上海财经大学出版社,2001.

府会计信息体系三方面进行政府会计改革。^① 刘谊和廖莹毅(2004)在借鉴
OECD 国家权责发生制预算会计改革实践经验的基础上,提出我国应当在一
定范围内,有选择地、有步骤地采用修正的收付实现制和修正的权责发生制相
结合的方式,以逐步建立起有中国特色的、具有较强操作性的预算会计核算基
础和财务报告体系,使改革后的预算会计信息能更客观、准确地反映国家预算
的执行结果,全面反映政府整体的财务状况和公共管理能力。^② 北京市预算
会计研究会政府会计课题组(2006)通过对比西方国家政府会计改革实践,并
立足于我国的实际国情,研究了政府会计目标、核算对象、要素、确认基础等建
立政府会计体系概念框架的八个主要问题。^③ 财政部会计司公共部门会计准
则考察团(2006)介绍了瑞士、意大利政府会计的现状、政府会计改革的组织实
施以及进展情况,并建议我国应当参考和借鉴两国政府会计改革的实践经验,
解决转向权责发生制、政府会计主体与合并范围、政府会计资产计价和成本计
量、配合预算管理改革和转变政府会计人员观念等方面的问题。^④ 王庆东和
常丽(2007)探讨了美国模式、英国模式和德法模式三种政府财务报告改革导
向的不同特征,并建议我国政府财务报告改革应当树立双重导向观,即优先满
足内部控制以及宏观经济管理的需要,并兼顾外部信息使用者的需求。^⑤

三、新公共管理与政府会计改革

　　一些学者以新公共管理运动作为背景,探讨了我国应当如何改革预算会
计、建立政府会计体系的问题。叶龙(2003)对新公共管理体制下我国如何构
建政府会计理论体系的问题进行了研究。他认为,我国公共管理体制的创新
成果和创新趋势对现行预算会计制度提出了挑战,因而必须构建全新的政府
会计模式。他通过分析提出,我国未来的政府会计模式应当是"双主体、双目
标、双要素、双基础、双报表"的"双元模式",而且还从经济学、管理学、财政学

---

　　① 宋衍蘅,陈晓.西方国家政府会计的比较及其借鉴[J].会计研究 2002(9):58-62.
　　② 刘谊,廖莹毅.权责发生制预算会计改革:OECD 国家的经验及启示[J].会计研究,
2004(7):10-14.
　　③ 北京市预算会计研究会政府会计课题组.关于建立中国政府会计准则的研究报告
[J].会计研究,2006(3):34-44.
　　④ 财政部会计司公共部门会计准则考察团.瑞士、意大利的政府会计改革及其借
鉴[J].会计研究,2006(9):76-81.
　　⑤ 王庆东,常丽.政府财务报告改革导向及其实现机制探索[J].会计研究,2007(3):
88-90.

等多个角度详细论证了这种新型政府会计模式的科学性与合理性。[①] 王庆东和常丽(2004)认为,我国新公共管理的聚焦点在于建设高效率的政府、民主的政府和公开的政府。这要求政府财务信息披露必须具有较高的透明度,内容要具有完整性、充分性以及具有对评价政府业绩和对资源提供者进行决策有用的相关性。因此,在政府会计改革过程中,我国应当明确提出将反映政府的受托责任、运营业绩和决策有用作为财务报告的总体目标,进一步拓展政府会计的核算对象,统一各级政府财务报告的种类,改革财务报告编制基础,扩大财务报告的信息容量。[②] 裘宗舜等(2004)认为,作为强调绩效管理和增强财政透明度为核心的全面改革的一个部分,权责发生制政府会计改革与新公共管理运动有着本质的联系。我国政府也应当吸收和借鉴新公共管理框架的基本理念,逐步采用绩效导向的预算和权责发生制政府会计,以增强财政透明度,提高财政绩效,使政府能够在实质上履行广泛的公共受托责任。[③] 贝洪俊(2004)依据新公共管理中的概念,对政府会计改革的背景进行了分析,并对政府财务报告、政府预算、基金会计模式在我国应用的可行性等问题进行了深入的研究,为建设我国政府会计概念框架提出了一些构想。[④] 张娆(2005)依据OECD提出的"新公共管理模式"的基本框架性建议,从透明度、负责性、灵活性、前瞻性、法律和正直原则等五方面探讨了现行预算会计存在的问题,并建议我国遵循国际惯例进行政府会计改革,引入权责发生制会计基础,加强政府财务信息的披露,增加政府绩效评价体系和监督体系。[⑤]

四、公共受托责任与政府会计改革

一些学者以政府承担的公共受托责任作为逻辑出发点,对我国政府会计改革问题进行了深入研究。陈志斌(2003)认为,新型的政府会计体系应当突出受托责任的界定,对政府的受托责任加以有效的计量、记录和报告,以完成正确引导公共选择、科学界定委托代理的政府责任、有效地激励和约束政府或官员的作用。他指出,建立突出受托责任的新型政府会计体系应当关注政府

① 叶龙.新公共管理体制下政府会计理论体系研究[D].东北财经大学博士学位论文,2003.

② 王庆东,常丽.新公共管理与政府财务信息披露思考[J].会计研究,2004(4):73-76.

③ 裘宗舜,韩洪灵,张思群.公共受托责任、新公共管理与我国政府会计改革[J].财务与会计,2004(4):50-53.

④ 贝洪俊.新公共管理与政府会计改革[M].杭州:浙江大学出版社,2004.

⑤ 张娆.新公共管理模式与我国预算会计改革的思考[J].北方经贸,2005(10):55-57.

会计在会计对象、会计假设、会计原则基本理论问题上的特点及政府预算的编制,并且探讨了我国现行预算会计制度存在的一些缺陷。[①] 李建发和肖华(2004)依据政府财务报告主要反映政府财务受托责任和财务受托业绩,并为上级政府、政府主要官员、审计机关、监督机构提供政府财务信息,以及近年来我国公共部门存在一系列财务管理问题的客观现实,阐述了公共财务管理对政府财务报告改革的要求。他们认为,公共财务管理要求政府财务报告应当是一个能够全面反映政府公共部门财务活动情况、财务状况、公共资金使用情况及政府履行财务受托责任的综合财务报告,而不只是反映预算收支情况及结果的预算会计报表或财政收支决算报告。为此,我国应当改革预算会计报表或财政收支决算报告,建立符合公共财务管理要求的新型政府财务报告体系。[②] 张国生(2004)探讨了关于公共受托责任的不同界定对政府财务报告的可能影响。他指出,公共受托责任是广泛存在的,评价不同的受托责任要求不同的会计信息。但是,信息的提供是有成本的,强调受托责任应当把握度的问题,并对我国如何改革预算会计、建立政府会计体系提出了一些建议。[③] 路军伟和李建发(2006)指出,公共受托责任是政府会计存在的客观基础。政府会计应当是帮助政府履行和解脱公共受托责任的重要手段和途径,也应当是社会公众了解和评价公共受托责任履行情况以及做出相关决策的重要信息来源渠道。当前,政府会计全球性变革的动力正是源于受社会、文化、政治内涵变化影响的公共受托责任的发展变化,因而政府会计改革应当主要基于本国的环境和公共受托责任的现状。他们认为,进行政府会计改革应当立足于我国公共受托责任的现实,并兼顾公共受托责任与政府会计改革的国际大趋势。[④]

五、财政透明度与政府会计改革

　　一些学者根据财政透明度概念及其基本要求研究了我国政府会计改革问题。王雍君(2003)以 IMF 为发展中国家和转轨制国家制定的财政透明度最低标准及其实施要求作为依据,对比研究了我国在财政透明度方面存在的差

---

　　① 陈志斌.公共受托责任:政治效应、经济效率与有效的政府会计[J].会计研究,2003(6):36-39.

　　② 李建发,肖华.公共财务管理与政府财务报告改革[J].会计研究,2004(9):7-10.

　　③ 张国生.公共受托责任与政府财务报告[J].财会月刊(综合版),2004(12B):6-8.

　　④ 路军伟,李建发.政府会计改革的公共受托责任视角解析[J].会计研究,2006(12):14-19.

距,并从政治、经济和文化等角度探讨了这些差距的形成原因。他指出,除了政治与文化层面的努力外,我国推动财政透明度的进程还需要从其他几个主要方面做出巨大努力,但近期和中期的重点应当集中于五个方面:扩展政府财务报告系统,发展更为全面的政府会计,开发更好的财政分类系统,加强预算准备过程,以及建立与整合政府财务管理信息系统。① 程晓佳(2004)分析了IMF的《财政透明度手册》对我国政府会计改革的影响。她认为,该手册的核心要求就是政府应当定期向公众提供全面并且真实的财政信息,并对公开财政信息的内容、程序以及如何确保这些信息的质量进行具体规范。而且,编制和公布政府财务报告是向公众提供这些财政信息、实现财政透明的重要途径。因此,尽管《财政透明度手册》只是一个指导性文件,不具有强制力,但必将对各国政府会计改革产生较大影响,对我国重新设定政府会计范围、规范政府财务报告内容、选择政府会计基础、划分会计要素等政府会计改革工作也具有一定的借鉴意义。② 戚艳霞和王鑫(2005)指出,在政府公共治理模式中,增强财政透明度已成为各国政府治理的发展潮流。而且,财政透明度的基本要求隐含着对"政府会计透明度"的要求,政府会计在提升财政透明度的进程中起着举足轻重的作用。财政透明度的提升应当以政府会计透明度的提升为基础。为改变我国财政透明度水平还比较低的现状,我国必须将提升政府会计透明度作为当前的一项重任,从制定政府会计规范、建设绩效评价体系、适当变更会计确认基础、扩展政府会计信息内容和发展全面的政府会计报告体系等方面加以完善。③ 刘笑霞(2007)认为,政府向社会公众提供政府财务报告,是提高财政透明度、强化政府公共受托责任的内在要求。目前,由于我国尚未建立真正意义上的政府财务报告制度,财政透明度与IMF的基本要求相比还存在较大差距。为此,我国应当从政府财务报告目标、报告主体、会计基础、核算范围等方面改革现行预算会计制度,以逐步建立我国的政府会计和财务报告制度。④

---

① 王雍君.全球视野中的财政透明度:中国的差距与努力方向[J].国际经济评论,2003(7/8):34-39.

② 程晓佳.财政透明度与政府会计改革[J].会计研究,2004(9):22-27.

③ 戚艳霞,王鑫.增强财政透明度的政府会计视角分析[J].山东财政学院学报(双月刊),2005(5):28-31.

④ 刘笑霞.论我国政府财务报告制度的构建——基于财政透明度的考察[J].当代财经,2007(2):20-28.

六、研究评价与启示

通过上文对国内相关研究文献资料的回顾和综述可见,它们主要集中从必要性和实施方式两方面探讨我国改革预算会计、建立政府会计体系问题,但研究视角和切入点不同。

首先,这些文献资料从不同视角研究了我国改革预算会计、建立政府会计体系的必要性问题。总体而言,这种必要性反映在诸多方面,具体包括:(1)我国政治经济环境的变化,特别是政府职能转换、新公共管理体制建设以及公共财政体制改革(包括部门预算、国库单一账户、政府采购等)的推进,对政府会计信息提出了更高要求,同时也使现行预算会计表现出了不适应性;(2)当前,公共受托责任发生变化,要求政府会计应当能够反映政府履行受托责任的情况及业绩,并为使用者做出决策提供信息;(3)提高我国财政透明度,缩短与国际差距,要求政府会计提供更多的信息;(4)我国现行预算会计体系及其相关制度存在弊端,无法提供全面、完整的会计信息;(5)许多西方发达国家先后进行了政府会计改革,对我国开展该项工作产生了示范促进作用;(6)像 IMF 等国际组织制定发布的文件,对我国未来的政府会计发展具有重要影响。这些因素对我国改进预算会计、建立政府会计体系提出了迫切要求。

其次,这些文献资料从不同视角研究了我国应当如何改革预算会计、建立政府会计体系的问题。针对这一问题,它们通常在多种备选方案中做出选择,并提出相应的政策建议,具体包括:(1)我国改革后的政府会计应当延续“预算会计”的称谓,还是使用“政府会计”的名称;(2)政府会计目标应当定位于预算合规性、受托责任抑或决策有用上,以及这些目标之间的关系;(3)政府会计对象应当限定为当期可支用资源、财务资源还是经济资源;(4)政府会计要素是划分为预算收入、支出和结余,还是划分为资产、负债、净资产、收入和费用,或者其他;(5)政府会计基础应当采用修正的收付实现制、修正的权责发生制还是完全的权责发生制;(6)政府会计模式应当采用美国州和地方政府的基金会计模式、美国联邦政府的双轨制会计(包括预算会计和权益会计)模式,还是法国的三轨制会计(预算会计、财务会计和成本会计)模式,或者其他;(7)政府会计报告应当采用以预算会计报表为核心的模式,还是美国州和地方政府的双重财务报告模式,或者 IFAC 所确立的以资产负债表、财务业绩表、净资产/权益变动表和现金流量表为核心的财务报告模式;(8)政府会计报告主体应当包括基金、政府机构和政府整体之中的哪几种。^① 但从研究结论看，这些文献资料对我国如何改进预算会计、建立政府会计体系问题尚未形成统一的认识。

总体而言，这些文献资料对政府会计改革其他方面问题的研究相对较少，采用的理论依据较为有限，因而与国外文献资料相比还有一定的差距。对于负责提供公共物品的政府机构而言，其会计改革的经济性质和目标是什么？影响这些政府机构会计改革的制度结构包括什么内容、具有什么特征？其利益相关者是否受到以及受到何种程度的需要和使用政府会计信息的激励？西方发达国家政府会计改革是否实现了其预期的绩效目标？政府会计改革"绩效悖论"问题的形成原因又是什么？研究解决这些问题不仅有助于我国政府会计理论的发展，而且有助于正确评估和借鉴西方发达国家政府会计改革的经验教训，制定科学合理的政府会计改革实施策略，建立高效的政府会计与财务报告体系。但是，我国当前的政府会计研究还尚未对这些问题给予充分的关注，而这正是本书的重点所在和努力方向。

---

① 这些问题是紧密联系在一起的，必须综合地加以考虑。

第三章
政府会计:新制度经济学的诠释

▶▶▶

新制度经济学为人们认识经济组织、契约与制度安排创造了有利条件。本章作为立论基础,将依据新制度经济学的理论观点诠释政府与政府会计问题。具体来说,本章对政府(作为一种负责提供公共物品的经济组织)的性质、特征及其与制度的关系进行分析,在此基础上论证政府会计所具有的两大基本属性(即契约性和制度性)。这是本书进一步研究政府会计改革"绩效悖论"问题形成原因的理论前提和出发点。

第一节 | 作为一种经济组织的政府 ▶▶

政府会计是负责提供公共物品的政府的一个重要组成部分。所以,要认清政府会计所具有的基本属性,就必须从认识作为一种经济组织的政府本身开始。为此,本节将首先分析政府的性质和特征,并进一步引入制度变量,探讨制度及其变迁对政府的影响作用。

一、作为一种经济组织的政府:性质

政府在会计上扮演了三种不同角色,即作为在其他组织中的缔约主体,作为一种组织本身,以及作为负责规定在其管辖范围内活动的其他组织的样板契约的超级组织。[①] 研究政府会计问题,应当着重关注政府本身所扮演的特定角色,即负责提供公共物品的一种经济组织。

----

① Sunder S.会计与控制理论[M].方红星,等译.大连:东北财经大学出版社,2000:163.

（一）政府是一系列契约关系的集合体

有多种经济学理论在研究人类社会中的经济组织问题，它们分别适用于不同的目的。其中，新古典经济学是关于市场而非企业的实证理论，其主要任务在于解释市场价格机制如何决定稀缺资源的配置及其效率，而不是理解真实企业的内部运行规律。因此，它把企业看作在所有契约能够完美地、无成本地履行的条件下，依据价值或利润最大化原则独立运作的"黑箱"，其内部没有对人、组织和信息的需求，因而会计在企业中也毫无用武之地。所以，研究政府会计问题不能借鉴和利用关于企业的新古典经济学模型。

现代企业契约论的本质认为，作为一种经济组织的企业是契约创造的结果，或者说企业是一系列契约关系的集合体。大多数组织完全是一种法律假设，可以作为一组个人间契约关系的集合体，它们包括企业、非营利机构、互助性组织、私人俱乐部、政府实体以及公共企业。[①] 将组织视为一系列契约关系的集合体，有助于在微观层面上解释该组织的经济特征。所以，为了诠释政府会计，应当把政府机构[②]视作理性经济主体[③]之间一系列契约关系的集合体。

从新制度经济学角度来看，这"一组个人间契约关系"泛指所有具备实际利益的关系，包括文字的和口头的、显性的和隐性的、明确的和默认的、长期的和短期的、完全的和不完全的各种契约。它们将具有不同偏好和资源禀赋的理性经济主体与特定的期望和行为模式联结起来。理性经济主体按照契约确立的"游戏规则"向政府提供资本、技能和信息资源，并从政府活动中获取特定形式（经济的或非经济的）、数量和时机的回报。但如果每一个主体不仅和另一个主体订立契约，而且还要和其他所有主体订立契约，那么在极端情况下，

① Jensen，M.C.and W.H.Meckling.企业理论：管理行为、代理成本与所有权结构[C]// 陈郁.所有权、控制权与激励——代理经济学文选.上海：上海三联书店，上海人民出版社，1998：8.

② 这里需要对本书研究的"政府"做进一步的解释说明，以免引起不必要的误解。"政府"的概念可以从两个层面理解：一是指对辖区内公民承担广泛受托责任的一般目的政府，通常代表着国家的一级政权，反映了国家的政权结构；二是指具体为辖区内公民履行受托责任的特种目的政府，主要是指机构、局、部以及委员会等政府单位。其中，前者是宏观的、抽象的，后者是微观的、具体的。本书研究的"政府"是指特种目的政府，它们具有特定的组织实体，一般只提供一种或几种公共物品。

③ 理性经济主体意味着，在其所实际面临的机会和信息约束范围内，他们会按照效用最大化原则进行决策和行动，而不会选择次要的替代方案。这些主体包括社会公众、政治家、上级政府、官僚、债权人、供货商、审计人员、政府公务员等。

"n"个个体实现紧密协作需要$n(n-1)/2$份双边契约才能将各方结合起来。这要求某个主体成为中心契约代理人,充当政府代表来协调处理这种关系,政府官员实际上就是以这种身份出现的。所以,政府缔约主体之间的多边契约关系将由他们与政府官员为代表的法律主体之间的单边契约关系所取代,从而大大简化了契约之间的关联程度(见图3-1)。

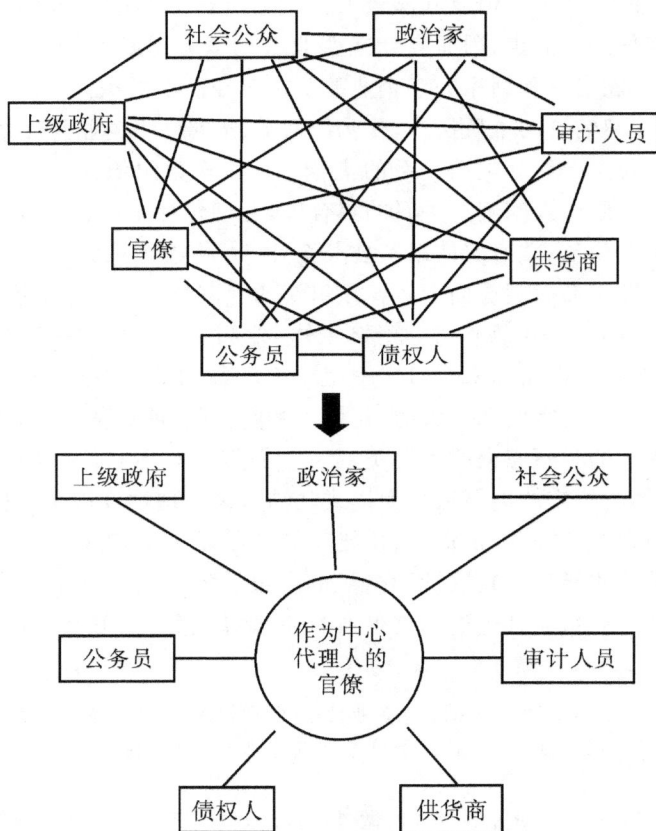

图 3-1　作为一系列契约关系集合体的特定政府机构

(二)政府可以节约提供公共物品的交易费用

将负责提供公共物品的政府机构视作一系列契约关系的集合体,只表达出了政府、企业与市场之间的共性,回答了"政府是什么(what)"的问题,因为企业和市场中也同样存在各种形式和内容的契约。事实上,政府作为一系列契约关系的集合体取代企业和市场中的契约,其最根本之处在于它可以节约提供公共物品的交易费用。这是对"政府为什么存在(why)"问题的解答。

依据科斯定理,在交易费用①为零的条件下,无论初始产权如何安排,资源配置的效率都是无差异的,因为理性经济主体能够通过谈判方式获得对双方都有利的契约安排。这意味着在没有交易费用的情况下,所有的契约安排都提供不了选择的根据,因此也就不需要经济理论来解释了。② 但在现实世界中,交易费用是客观存在的。而且,不同的契约形式在交易费用的高低上存在着相对的经济优势。当限制条件发生变化时,当事人会通过重新订立交易费用最低的替代性契约安排,以最小化非排他性收入或租值的耗散程度。③ 这表明,人们要根据自身受到的限制条件以及交易的性质和特征,通过选择不同的契约安排降低经济运行过程中的耗费,以实现自身效用最大化。所以,契约安排的选择是减少交易费用的途径。

对现代企业契约论而言,企业就是一系列契约关系的集合体,它所包含的内容可以分解为缔约者之间不同的契约安排。因此,企业也是一种可以节约交易费用的选择。Coase(1937)是第一个明确地把交易费用概念引入企业经济分析之中的人。他指出,企业之所以出现,是因为以科层制的行政协调方式替代非人格化的市场价格机制可以节约交易费用,二者的选择取决于它们边际成本之间的均衡关系。④ 张五常(1983)进一步研究了企业的性质,提出企业可以看作以要素市场部分地取代产品市场的结果,原因也在于交易费用的存在。而且,企业与市场只是契约安排的两种不同形式,对它们的选择取决于由对代理者定价所节约的交易费用是否能够弥补由相应的信息不足所造成的损失。⑤

科斯定理表明,如果交易费用为零,作为外部性特例的公共物品可以通过当事人谈判的方式实现帕累托有效提供,无须政府承担提供公共物品的责任。但在现实世界中,交易费用不仅客观存在,而且如果各个当事人在交易中得失很大,再加之涉及的人数很多,这些费用还可能更高。只要存在交易费用,双

① 交易费用是指理性经济主体达成和实施协议或契约所涉及的费用,包括获取和评价信息、确立谈判立场、确定谈判对象、商定和监督履约的费用等。
② 易宪容.现代合约经济学导论[M].北京:中国社会科学出版社,1997:248.
③ Cheung,S.N.S.A Theory of Price Control[J].Journal of Law and Economics,1974,17(1):53-71.
④ Coase,R.H.企业的性质[C]//路易斯·普特曼,兰德尔·克罗茨纳.企业的经济性质.孙经纬,译.上海:上海财经大学出版社,2000.
⑤ Cheung,S.N.S.The Contractual Nature of the Firm[J].Journal of Law and Economics,1974,26(1):1-21.

方当事人就缺乏激励,在公共物品的帕累托有效量上达成一致;而且较高的交易费用,将导致买者的需求曲线和集体需求曲线下移,减少整个消费者剩余。① 过高的交易费用阻碍了谈判协商过程,也使市场和企业提供公共物品变得不可行。② 在负责提供公共物品方面,作为一系列契约关系集合体的政府应当被作为一种生产性的"企业"形式,其目的也在于节约交易费用。③ 它的存在是人们在约束条件下最大化选择的结果,而不管其如何残暴。④

二、作为一种经济组织的政府:主要特征

由于个人权利的界定一般通过缔结契约(明确的或默认的)来完成,并且决定了成本和报酬将如何在任何组织参与者之间进行分配,所以组织中的个人行为(包括管理者的行为)将取决于这些契约的性质。⑤ 这意味着,不同的契约安排会带来激励结构上的差异,并促使缔约者采取不同的经济行为。因此,为了理解缔约者在政府机构中的可能行为,需要关注政府契约关系所体现出的一些特征。⑥

---

① Joe B.Stevens.集体选择经济学[M].杨晓维,等译.上海:上海三联书店,上海人民出版社,2003:133.

② Coase 等新制度经济学家认为,在一些严格的条件下,由私人提供公共物品在一定程度上也是可行的。但是,这种做法并不是在所有的公共物品中都是可行的,而且在某些情形下,公共物品的完全私人提供和私有化也许并不是一件好事。(见:国彦兵.新制度经济学[M].上海:立信会计出版社,2006:325.)

③ 科斯指出,政府是一个超级企业,因为它能够通过行政决定来影响生产要素的使用。如果政府需要的话,就能完全避开市场,而企业却无法做到。政府有能力以低于私人组织的成本(或以没有特别的政府力量存在的任何一定比例的成本)进行某些活动,但政府行政机制本身也需要成本。(见:吴易风.当代西方经济学流派与思潮[M].北京:首都经济贸易大学出版社,2005:273.)

④ 张五常.关于新制度经济学[C]//科斯,哈特,斯蒂格利茨等著.拉斯·沃因,汉斯·韦坎德编.李风圣主译.契约经济学.北京:经济科学出版社,2003:74.

⑤ Jensen,M.C.and W.H.Meckling.企业理论:管理行为、代理成本与所有权结构[C]//陈郁.所有权、控制权与激励——代理经济学文选.上海:上海三联书店,上海人民出版社,1998:5.

⑥ 作为一种经济组织,负责提供公共物品的政府在很多方面具有特殊性。本书并没有对这些特殊性做出全面的概括分析,只是通过与负责提供私人物品的企业进行对比,指出了与本研究关系密切的部分政府特征,为后文进一步探讨其他问题(特别是政府契约的激励效应)提供理论依据。

（一）公共物品的产出

这里再次强调,政府是一种负责提供公共物品的"企业",是理性经济主体之间一系列契约关系的集合体。作为生产要素所有者,所有缔约者按照契约的规定将要素投入到政府中,并由政府官员这一中心代理人以政府的名义集中配置协调,以提供可供人们同时消费的公共物品。

公共物品具有非竞争性和非排他性两大特征。非竞争性是指一旦一种物品被生产出来,再向一个额外消费者提供它的边际成本本为零。这意味着,一个消费者对某一物品的消费丝毫不会减少其他消费者对该物品的消费或使用,而且每一个消费者都能享受整个而不是某一部分物品所带来的服务;非排他性是指一旦一种物品被提供之后,不能将任何人排除在消费该物品的过程之外,或者排除某个人消费该物品需要付出无穷大的代价。与公共物品相对,私人物品是指具有竞争性和排他性特征的商品,只有为其支付价格的人可以使用它,而且如果该商品已被某个人使用,则其他人就不能再同时使用了。公共物品与私人物品的区别不在于所有权性质,而在于:前者是可以让一群人同时消费的物品,后者则在任何时候只能为一个消费者提供效用。[1]

因为私人物品和公共物品存在差异,所以企业和政府面临着不同的产出品市场。在私人物品市场上,单个消费者握有是否购买商品及其数量的选择权。企业必须使消费者相信物有所值,否则消费者就会因不满意而拒绝付款,通过"货币选票"有效地惩罚它。所以,企业典型地受到私人物品市场的制约。但是,提供公共物品的政府基本不受产出品市场的约束。政府提供的公共物品难以衡量,或者根本不存在明确的市场价格(尽管生产它的投入品价格或其近似品价格是存在的)。如果公共物品是唯一的,也很难与私人企业的成本条件相比较。而且,一旦公共物品被垄断性地生产出来,单个消费者不管是否满意都必须接受,[2]不能像在私人物品市场上那样通过拒付价款等方式惩罚负有责任的政府。此外,如果公共物品的提供由集体政治投票所确定,那么作为投票者的单个消费者对最终投票结果的影响甚微,一般没有控制政府官员这一中心契约代理人的力量,因此监督政府提供公共物品情况的积极性可能会大打折扣。

---

[1] 平新乔.微观经济学十八讲[M].北京:北京大学出版社,2001:352.

[2] 这种情况并不是绝对的事实,因为单个消费者也可以选择迁出受益于该公共物品的地区,到有符合自身偏好的公共物品地区生活。但在现实中,对大多数消费者而言,这种做法可能因成本过高而变得不合算。

(二)公共资金的获取和使用

对企业而言,其资金的非债务来源主要包括资本投资和私人物品的销售收入。而且,企业也可以在资本市场上举债经营,这时其受制于市场机制的约束。由于强调剩余收益计量,所以企业需要严格区分资本投入和销售收入。但对政府机构而言,它们负责提供的公共物品具有非排他性,所以无法将不付费便使用其产出的一些人排除在外而带来外部性影响,因而不可能通过市场价格机制进行分配。① 因此,在竞争性市场条件下提供的公共物品数量不可能实现帕累托效率。科斯定理提出了通过自发的、自愿的交易来解决外部性问题(包括提供公共物品这一特例)的可能性,但却先验地假定,理性经济主体必会自愿采取行动,参与到交易协商谈判和履约过程中。但在现实世界中,除了过高的交易费用阻碍了谈判协商过程外,提供公共物品活动中的"搭便车"问题②也不容小觑。为了降低交易费用,作为一系列契约关系集合体的政府机构主要通过税收方式筹措公共资金,并且被赋予一些特定的强制权力(包括强制纳税权),以垄断性地提供公共物品。当然,在特殊许可条件下,政府机构可以通过举借债务方式来平衡当期所获公共资金与公共物品生产成本之间的差额。但是,这些债务必须由未来期间的税收收入偿还。由于政府机构无须计量剩余收益,所以它们不用像企业那样,对各种来源的公共资金进行非常明确的分类。政府机构的公共资金不管是以何种方式获得的,其最终都表现为特定期间内可用于支付公共物品生产成本的一个数额。

企业用于生产私人物品的大部分资金是预先垫支的,必须通过在市场上销售出这些物品才能收回,并获取相应的剩余收益。但如果提供的私人物品不符合消费者的要求,企业就可能受到消费者"货币选票"的有效惩罚,不仅不能从提供私人物品的活动中获利,而且已垫支的资金也会遭受损失。这时,作为一系列契约关系的集合体,企业是不稳定的。可见,在私人物品市场上,剩余收益本身就构成了一种企业使用资金的控制机制。相比之下,政府机构中的大部分公共资金是耗费性的,它一旦被支出就无法收回,只能通过税收等方

① 这主要因为:单个消费者不一定真正清楚自己对公共物品的需求与价格之间的关系,而且即使他了解自己对公共物品的偏好程度,但由于不支付价格也可以消费提供的公共物品,所以他会刻意低报或隐瞒而不如实地说出来,从而少支付价格或不支付价格。

② 由于公共物品具有非排他性和非竞争性,不管单个消费者是否为已提供的公共物品出资,他都能享受该物品并从中受益,那么他就没有为该物品自愿付费的激励。这种消费者不是自愿为公共物品出资的现象成为"搭便车"问题。

式弥补。而且，政府提供公共物品的活动具有垄断性，一般没有公开市场的供需关系来测定其产出价值，因此不能通过市场价格机制来有效约束政府机构使用公共资金的活动。通常来讲，政府使用耗费性公共资金需要独特的控制机制，即按照资金提供者或其代表限定的用途进行分配，并将其用于指定目的或用途，而不能挪作他用。所以，在政府机构中，预算和基金管理占有十分重要的地位。

（三）不存在剩余索取权

作为一系列契约关系的集合体，企业和政府的出现简化了订立契约的过程，节约了运作的交易费用。通过订立交易契约，生产要素所有者为了获得预期的报酬，放弃了自己使用生产要素的权利。他们被纳入组织内部具有等级、规则和管制的行政管理结构中，并且在一定限度内接受中心契约代理人（企业家或官员）的指挥协调。但在交易费用较高和信息不对称条件下，企业和政府并不能消除其内部管理结构中的机会主义行为，因而通过有效配置所有权的方式，对生产要素所有者进行激励便凸显出重要性。

1972 年，Alchian 和 Demsetz 提出了著名的团队生产理论。他们认为，企业本质上是一种契约结构，但没有比普通市场更为优越的权利（如命令、强制或对行动的纪律约束等）。它的出现主要是由于要素所有者想要更好地利用他们的相对优势，通过专业化的协作提高生产率，使产出的总产品在扣除约束成本后的净值高于他们分别进行生产时所得出的产出之和，以使每个参与团队生产的人获得更高的报酬。但是，在企业这种契约关系中，由于计量团队成员的生产率和报酬存在成本，所以不可能无限制地计量团队中每一个成员的边际贡献。这样一来，某些团队成员就会选择偷懒或更多地休闲，因为他这样做的所有费用中的一部分将会由团队中的其他成员承担，由此就会降低团队生产的效率。在团队中，减少偷懒的一种方式是由某人专门作为监督者来检查其他队员的投入绩效。而且，为了激励监督者施行更有效的监督，团队成员会同意授予他获取高于规定数额残余的权利，并有权在独立于其他合作成员的情况下改变个别成员资格和团队的绩效，也还可以将这些权利出售给其他团体或个人。[①] 他们的研究是产权方法在企业制度分析上的应用，揭示了企业剩余权利（特别是剩余索取权）安排对缔约者的激励作用以及对提高效率的经济意义。可以说，团队生产理论是企业所有权范畴（即剩余控制权与剩余索

---

① Alchian, A. A. and H. Demsetz. Production, Information Costs, and Economic Organization[J]. The American Economic Review, 1972, 62(5): 777-795.

取权①)的最为重要的理论基础。②

在剩余权利上,企业和政府的最主要差别在于:它们是否存在享有剩余索取权的生产要素所有者。在企业契约关系中,股东这一缔约出资者不仅享有被资本化到自身财富中的剩余索取权,而且还可以在独立于其他要素所有者的情况下转让该项权利。但是,股东也因而承担了与剩余收益相关的风险,因为剩余收益是不确定的、没有保证的,在固定契约利益被支付前,剩余索取者什么也得不到。由于企业剩余收益的大小很大程度上取决于剩余控制权的行使是否正确且有效率,所以股东会受到激励去监督按照契约安排实际行使剩余控制权的生产要素所有者,以最大化剩余索取权资本化到自身财富中的价值。③

在政府契约关系中,没有哪一个生产要素所有者可以公开宣称享有这一权利,更不用说在市场上进行转让了。因此,所有契约在某种程度上必然要承担不确定性所带来的影响,而且由于公共物品市场不存在或不够发达,受益人(即公共物品的消费者)承担了大部分风险。④ 这使政府剩余索取权成为一种公共权益。不容否认,在不降低公共物品数量和质量的前提下,监督政府中实际行使剩余控制权的生产要素所有者也可以像企业一样增加剩余收益,从而通过减少税收间接地使人们普遍从中受益。但是,对单个理性经济主体而言,即使不采取任何行动,他也能够获得其他行动者进行监督活动所带来的同样回报,而无须承担任何相关成本。所以,在政府契约关系中,理性经济主体存在选择"搭便车"行为以最大化自身效用的激励,在监督实际行使剩余控制权的生产要素所有者时面临着更多的偷懒问题。

(四)剩余控制权的重要性

在提供私人物品的现代企业中,剩余索取权和剩余控制权一般同时存在。正常情况下,企业股东享有剩余索取权,而经理人为了有效履行职责就掌握了

---

① 剩余控制权是指在契约已规定的特殊用途以外对如何使用资产做出决定的权利,剩余索取权是指对其他要素所有者在按契约条款获取固定支付后的剩余收入的要求权。这两种剩余权利的出现起因于企业契约是不完全的,因为现实世界是不确定的,生产要素所有者不可能事先在契约中对所有情况的未来安排做出完全的规定。

② 王国顺等.企业理论:契约理论[M].北京:中国经济出版社,2006:184.

③ 由于存在集体行动中的"搭便车"问题,随着股东人数过多致使股权越发分散化,单个股东监督实际行使剩余控制权的缔约者的激励程度可能会显著降低。

④ Sunder S.会计与控制理论[M].方红星,等译.大连:东北财经大学出版社,2000:175.

剩余控制权。而且，剩余索取权依赖于剩余控制权，也就是说，行使剩余控制权的效率在很大程度上决定了企业经营的好坏，[①]进而决定了剩余收益的大小。但由于目标函数不一致，所以经理人可能会采取机会主义行为以谋求个人利益，这时股东的利益会受到损害。考虑到这一点，享有剩余索取权的股东会对经理人行使剩余控制权的过程进行积极的监督。可见，剩余索取权构成了股东实施监督的动力源泉。而且，股东也可以通过剩余收益分享方式，将剩余索取权和剩余控制权结合在一起，使经理人承担起与其决策相对应的财务后果，以激励其尽可能做出好的决策而避免坏的决策，自觉履行他所订立的契约。因此，在剩余收益分享条件下，剩余索取权构成了经理有效行使剩余控制权的动力源泉。

由于在提供公共物品的政府中不存在剩余索取权，所以政府机构将会面临更为严重的偷懒问题。但在政府机构中，控制权又是一种有价值的稀缺资源，它会给其掌握者带来很多好处，虽然这些好处可能不直接反映在工资、奖金等财务账目上。这里的控制权是指对组织活动的广义上的决策权。Fama和 Jensen(1983)将决策程序划分为提议(提出资源利用和契约结构的建议)、认可(对所需贯彻的提议做出决策选择)、贯彻(执行已认可的决策)和监督(考核决策代理人的绩效并给予奖励)四个步骤。由于提议和贯彻决策通常由同一代理人承担，决策经营权表示这两种权力的组合，决策控制权则包括决策认可和监督的权力。当决策经营者并不是主要的剩余索取者时，他就不用承担其决策的财富效应的主要份额。这时，如果因没有一套有效的控制制度而造成决策权过于集中，决策经营者就很可能采取机会主义行为以实现个人利益，并将由此产生的成本外部化到其他经济主体上，所以决策程序中的代理控制问题显得十分重要。他们指出，有效的决策控制制度，意味着决策控制权在一定程度上与决策经营相分离，从而使某一代理人不对同一决策行使排他性的决策经营权和决策控制权。而且，不同组织中确实存在着旨在扩散、分离决策经营与决策控制的主要机制，尽管它们大同小异。这有助于那些因缺少剩余索取权而在决策程序中存有严重代理问题的组织(例如非营利组织)依然可以继续生存下来。[②]

---

① 这种最终结果还受到企业所处经营环境不确定性的影响。但是，剩余控制权的有效行使毕竟是有益而无害的。

② Fama,E.and M.C.Jensen.所有权与控制权的分离[C]//陈郁.所有权、控制权与激励——代理经济学文选.上海：上海三联书店,上海人民出版社,1998:166-197.

在提供公共物品的政府中同样存在着决策经营与决策控制的扩散、分离机制,其中一个最明显的例证就是政府年度预算决策。从年度预算决策程序上看,首先由官员以政府机构名义提出预算提案,对政府预期收入和支出做出分项目或用途的建议,并将其提交给立法机构;其次,立法机构的政治家们根据相关标准,对官员及其政府机构提出的年度预算提案进行审议、修订和最终批准;再次,政府机构执行已受立法机构审批的年度预算提案,按照与预算规定一致的方式取得资金收入和发生支出;最后,立法机构的政治家们利用年度预算监督政府机构的运营活动,并将预算执行结果作为衡量官员绩效的重要依据。可见,在政府机构年度预算决策当中,决策控制权和决策经营权分别由政治家和官员所享有,而不是将预算决策权全部集中到代理人这一方。这种做法一定程度上限制了官员的机会主义行为,缓解了委托代理问题,减少了代理成本。

在政府机构决策控制和决策经营的扩散、分离机制之外,官员掌握着剩余控制权。也就是说,他们可就契约结构中那些尚未规定的事项做出全权决策,而无须经过其他经济主体的认可。而且,官员行使剩余控制权的效率很大程度上决定了政府提供公共物品的绩效。由于政府机构的收入主要来源于税收,所以如果剩余控制权被有效行使,它就可以减少政府机构的公共资金需求,最终使纳税人因减少税收负担而从中受益。但是,剩余控制权要在提高政府绩效方面发挥作用,需要满足一定的条件:第一,可以通过分享政府剩余收入的契约安排为官员提供激励,促使其自觉行使好剩余控制权。但是,这种做法通常因有悖于人们对政府官员"公仆"形象的认识而易于受到批评,所以只能有范围、有限度地使用。第二,可以监督官员的经济行为,以提高其行使剩余控制权的效率。这时不仅需要大量的信息(包括政府会计信息),更重要的是这些信息应当受到关注,并被其他理性经济主体用于监督官员。[①]

(五)小结:关于"好"(高绩效)政府

作为一系列契约关系的集合体,政府这一经济组织具有四个典型特征,即:(1)提供可供人们同时消费的公共物品;(2)主要以税收形式获取公共资金,而且其使用资金受到严格限制;(3)没有可以在市场上转让的剩余索取权;(4)行使剩余控制权的效率至关重要,它将使纳税人从中受益。事实上,它们使"好"(高绩效)政府实际上也可以被视作一种特殊形式的公共物品。

---

① 这正是本书研究政府会计改革"绩效悖论"问题的形成原因时关注的一个重要问题。

有效的政府是最重要的公共物品之一，因为人们从更好、更有效率、更负责任的政府那里受益。实际上，"好"政府具有公共物品的两个特征：不让任何人从更好的政府那里受益是困难的，也是不可取的；如果政府能够变得更有效率，在不降低政府服务水平的前提下减少税收，每个人都会从中受益。[①] 因此，采取行动提高政府提供公共物品、履行公共受托责任绩效的个体能够获得一些回报，但这也只是其他人所获回报的一部分而已。而没有采取行动的个体，却也可以搭乘其他行动者的便车，获取与行动者一样多的回报。还有一种情况，由于预期采取行动的成本较高，大大超过了可以从中取得的回报，单个主体也可能不会自愿采取行动。因此，与提供其他公共物品类似，在建立"好"（高绩效）政府方面同样存在着"搭便车"的偷懒行为。

三、作为一种经济组织的政府与制度

上述分析结论有两个基本前提：（1）组织交换活动内生化，即生产要素所有者之间的交换活动，都可以遵照约束各方的明确或默示的契约进行；（2）相关制度外生化，或者说忽略了外部制度因素对交易契约以及经济组织的影响作用。本书进一步放松假定引入制度变量，探讨外部制度及其变迁对政府交易契约和政府这一契约关系集合体的影响。

（一）制度与制度变迁

1.制度的内涵

"制度"范畴是新制度经济学普遍关注的重要问题。舒尔茨（1968）将制度定义为涉及社会、政治及经济行为的规则。例如，它们包括管束结婚与离婚的规则，支配政治权力的配置与使用的宪法中所内含的规则，以及确立由市场资本主义或政府来分配资源与收入的规则。[②] 拉坦（1994）则认为，一种制度通常被界定为一套行为规则，它们被用于支配特定的行为模式与相互关系。[③] 诺斯（1994）指出，制度是一个社会的游戏规则，更规范地说，它们是为决定人

① Joseph E.Stiglitz.公共部门经济学[M]郭庆旺,等译.北京:中国人民大学出版社,2005:126.

② T.W.舒尔茨.制度与人的经济价值的不断提高[C]//陈郁.财产权利与制度变迁——产权学派与新制度学派译文集.上海:上海三联书店,上海人民出版社,1994:253.

③ V.W.舒尔茨.诱致性制度变迁理论[C]//陈郁.财产权利与制度变迁——产权学派与新制度学派译文集.上海:上海三联书店,上海人民出版社,1994:329.

们的相互关系而人为设定的一些制约。① 柯武刚和史漫飞(2004)则将制度看作广为人知的、由人创立的规则,其用途在于抑制人类可能的机会主义行为。而且,它们总是带有某些针对违规行为的惩罚措施。② 可见,在这些新制度经济学家看来,制度(通常也可以称为制度安排)本质上是有关经济主体行为及其相互关系的规则或一种安排,尽管他们对制度外延(即制度是否包括具体的组织机构)的认识存在分歧。

2.制度结构

对一项制度或制度安排而言,它可能是正式的,也可能是非正式的。③ 其中,正式制度是人们(主要是政府、国家或统治者)有意识创造的一系列政策法规,例如宪法、法律法规、知识产权法等;非正式制度是人们在长期交往中无意识形成的,包括价值信念、伦理规范、道德观念、风俗习惯、意识形态等。由于交易费用的存在,任何一项正式制度都是不完备的。但是,非正式制度可以在一定程度上修补正式制度的不完全性,有助于正式制度能够得以高效率、低成本的实施。

制度结构是不同于制度或制度安排的一个范畴,它是指某一特定对象中一系列正式制度和非正式制度(或制度安排)的总和。诺斯(1998)指出,这个结构是规则、惯例、习俗和行为信念的复杂混合物,它们一起构成了我们日常的行为选择方式,并决定了我们达到预期目标的路径。④ 但是,制度结构又不能只理解为正式制度和非正式制度在数量上的简单叠加,还要关注制度结构内所有制度(安排)之间的互动关系,因为任何一项制度(安排)发挥作用的程度都内在地联结着其他制度(安排)的完善程度。所以,某些制度(安排)从抽象的理论观点看可能是有利的,但由于它与制度结构中其他现行制度(安排)

---

① D.C.诺斯.制度、制度变迁与经济绩效[M].刘守英,译.上海:上海三联书店,1994:3.

② 柯武刚,史漫飞.制度经济学:社会秩序与公共政策[M].韩朝华,译.北京:商务印书馆,2004:116.

③ L.E.戴维斯,D.C.诺斯.制度变迁的理论:概念与原因[C]//陈郁.财产权利与制度变迁——产权学派与新制度学派译文集.上海:上海三联书店,上海人民出版社,1994:267.

④ D.C.诺斯.对制度的理解[C]//克劳德·梅纳尔.制度、契约与组织——从新制度经济学角度的透视.刘刚等,译.北京:经济科学出版社,2003:15.

不相容,因而是不适用的。 还有,某个制度结构中的不同制度(安排)不一定是等价的,其地位和作用并不完全相同。

3.制度变迁

林毅夫(1989)认为,制度变迁可以划分为两种类型,即诱致性制度变迁和强制性制度变迁。一种制度变迁究竟属于何种类型,取决于担任初级行动团体和次级行动团体的主体情况。

诱致性制度变迁是指现行制度(安排)的变更或替代,或者是新制度(安排)的创造,它由一个人或一群人,在响应获利机会时自发倡导、组织和实行。它的发生必须要有某些来自制度不均衡的获利机会。具体来说,从某个起始均衡点开始,制度选择集合改变、技术改变、制度服务的需求改变以及其他制度(安排)改变都能够引起现有制度(安排)以及制度结构的不均衡,使得在现有制度结构之外产生了潜在的获利机会。为了得到获利机会带来的好处,人们被诱使去自发地采取行动进行制度创新,从而达到新的均衡的制度(安排)和制度结构。当然,制度变迁的过程是一种费用昂贵的过程,如果转变到新制度(安排)的个人净收益低于制度变迁的费用,人们就不会自发地进行制度变迁活动。

强制性制度变迁是指由政府法令引起的变迁,它源于伴随制度变迁过程的外部性和"搭便车"问题造成的制度供给不足。产生外部性的原因在于制度(安排)不能获得专利,所以一旦某个制度被创造出来,其他人就能够模仿并大大降低他们组织和设计新制度的费用。"搭便车"问题可能因制度(安排)是一种公共物品而产生,因为一旦某个制度(安排)被创造和建立,每一个受这个制度(安排)管束的人,不管是否承担了创新和初期的困难,都能享受同样的安全和经济服务。因此,制度创新者获得的报酬将少于作为整体的社会报酬。所以,通过诱致性制度变迁提供的新制度(安排)的供给将少于社会最优水平。为此,政府可以采取行动矫正持续的制度供给不足,但由于意识形态刚性、利益集团冲突以及社会科学知识的限制等原因,它在建立最有效的制度(安排)

---

① 林毅夫.关于制度变迁的经济学理论:诱致性变迁与强制性变迁[C]//陈郁.财产权利与制度变迁——产权学派与新制度学派译文集.上海:上海三联书店,上海人民出版社,1994:390.

方面也可能会失败。①

制度变迁具有路径依赖特征,这是指制度变迁一旦走上某一条路径,其既定方向会在未来的发展中得到自我强化。既得利益集团的压力是形成路径依赖现象的深层次原因,因为这些集团为了维护切身利益,总是力求巩固现有制度,阻碍进一步改革,即使新制度较之现存制度更有效率。

(二)制度与政府交易契约

通过将提供公共物品的政府机构看作一系列契约关系的集合体,就可以把政府进一步分解为若干个由官员这一中心代理人代表政府与其他理性经济主体订立的契约,从而深入研究分析外部制度对这些政府交易契约施加的影响。

1.交易与契约

契约的概念是新制度经济学的核心。新制度经济学认为,转移或让渡消费物品、服务或生产性资产的产权,无论是暂时的还是长久的,都是通过契约方式完成的。为了避免产生或减少利益冲突,契约规定了交换的条款,界定了交易过程中个体的权利、责任与义务,以及他们之间的互动关系。这些规定的内容或条件构成了契约的结构。而且,所有已知的契约结构之间存在竞争,只有能够最小化成本的契约结构才可以被人们选择。

威廉姆森(1979)探讨了不同的交易特征(包括不确定性、交换频率和资产专用性程度)组合与不同契约安排之间的一一对应关系。他认为,如果资产的专用性程度低,无论交易频率的大小,这时只要采用古典契约关系就可以了;如果交易只发生数次,不管资产是混合性的抑或是专用性的,这时应当采用新古典契约关系;如果交易经常重复发生,资产的专用性程度较高,以及存在较高的不确定性,这时采用的是关系性契约关系(见表3-1)。② 可见,不同的交易与不同的契约关系相匹配,以节约交易费用,提高经济效率。所以,契约的结构依赖于理性经济主体所进行交易的特征。

---

① 林毅夫.关于制度变迁的经济学理论:诱致性变迁与强制性变迁[C]//陈郁.财产权利与制度变迁——产权学派与新制度学派译文集.上海:上海三联书店,上海人民出版社,1994:390.

② 奥利弗·威廉姆森.交易费用经济学:契约关系的规制[C]//陈郁.企业制度与市场组织——交易费用经济学文选.上海:上海三联书店,上海人民出版社,2006.

表 3-1　规制结构与商业交易的匹配

		投资特点		
		非专用	混合	特质
频率	数次	市场规制	三方规制（新古典缔约活动）	
	经常	（古典缔约活动）	双边规制	统一规制
			（关系性缔约活动）	

资料来源：奥利弗·威廉姆森.交易费用经济学：契约关系的规制[C]//陈郁.企业制度与市场组织——交易费用经济学文选.上海：上海三联书店，上海人民出版社，2006：42.

2.制度与契约

除了受到交易特征的影响外，契约的结构还有赖于正式制度和非正式制度（安排）。无论是法律法规等正式制度，还是道德、习俗和习惯等非正式制度，都构成了个人能够起完全的决定作用的私人契约的一个公认前提。[①] 在关于人们之间交易的行为规则意义上，制度与契约这两个概念是等价的。但是，制度可以被理解为以政府法律、规章等形式存在的公共契约，它不同于常表现为私人之间订立的合同、章程等形式的私人契约。私人契约一般是在制度或称公共契约的约束下订立的，不得违背相应的制度或称公共契约。[②] 可见，契约的结构是人们在制度的约束范围内确立的。

为了有助于执行契约并降低交易费用，任何已订立契约的结构必须明确地或隐含地包括或符合制度中的条款。所以，制度可以被理解为一种标准化的契约，它提供了一个订立私人契约的范本和衡量私人契约的标准。在这种情况下，制度越完备，人们订立契约所需要的协商过程就越短，所订立的契约结构特殊性程度也越低。此外，制度变迁也将会影响现行的契约结构。这正是一般意义上外部制度对交易契约的影响，而该结论同样适用于外部制度与政府交易契约的关系分析。由此可以推论，处于同一制度下的不同政府机构，它们因提供公共物品而缔结的交易契约的同质性程度较高，而且这种程度还会随着制度日趋完备而不断提高。

---

① 贺卫，伍山林.制度经济学[M].北京：机械工业出版社，2003：112.

② 谢德仁.企业剩余索取权：分享安排与剩余计量[M].上海：上海三联书店，上海人民出版社，2001：18.

（三）制度与政府机构

在分析了制度对政府交易契约的影响之后，本部分主要探讨外部制度对作为一系列契约关系集合体的政府机构所产生的影响。

在制度与组织的关系问题[①]上，诺斯（1994）认为，作为规则的制度，不仅创造了一系列的机会，同时也形成了约束。组织则是在这些既定的约束下为了捕捉这些机会以实现其一定的目的而设立的。制度就相当于进行比赛的游戏规则，而组织则是在这一规则下为赢得胜利而进行比赛的运动员。组织的存在和演进受到制度的根本性影响。[②] 柯武刚和史漫飞（2000）指出，组织不是制度，尽管普通英语的习惯用法经常将制度（institution）与组织（organization）混为一谈。制度是指各种带有惩罚措施、能对人们的行为产生规范影响的规则，组织则是对资源的系统安排，其目的在于实现一个共同目标或目标集。所以，公司、银行、政府机构是有目的的组织，而基督教的十诚和交通规则却是制度。[③] 由此推论，作为一系列契约关系集合体的政府机构，应当是在外部制度约束下负责提供公共物品的经济组织。

包括政府、企业和非营利组织在内的所有组织，它们本身是由制度来支撑和维系的。布罗姆利（1989）分析了制度是如何支撑和维系组织的。他认为，学校、企业和期货市场只有从制度上理解才有意义；这些组织之所以存在只是因为有界定它们的一套行为规则。一家公司作为一个独立的法律实体而存在只是因为有一套工作规则（所有权）定义什么是以及什么不是一家公司。期货市场、学校和医院同样如此。而且，在制度中有两类工作规则和社会组织有关：（1）通过社会其他部分界定一个组织的制度；（2）描述出组织内部特征的制度。这两类制度可以在权利授予法、宪法、地方法规、宪章或者组织的行政法规中找到。就前面公司的例子而论，第一类制度说明想成为并保持一个公司要遵循的必要步骤。第二类制度说明应如何指派雇员，如何保存会计记录，如

---

① 在新制度经济学中，在制度与组织的关系问题上存在着不同的看法。康芒斯、舒尔茨和拉坦等认为组织本身也是一种制度，而诺斯、柯武刚、史漫飞以及布罗姆利等认为组织不是制度，它在运行过程中遵循的规则才是制度。具体的讨论可参见：袁庆明.新制度经济学[M].北京：中国发展出版社，2005：239-240.本书采纳了后一种观点，即在组织不是一种制度的前提下讨论制度对政府组织的影响。

② D.C.诺斯.制度、制度变迁与经济绩效[M].刘守英，译.上海：上海三联书店，1994：5-7.

③ 柯武刚，史漫飞.制度经济学：社会秩序与公共政策[M].韩朝华，译.北京：商务印书馆，2004：33.

何做出行政决定等诸如此类的工作。前一类制度通过更大的团体来界定公司,而后一类制度则决定公司的结构。^① 实际上,布罗姆利的这种讨论同样适用于负责提供公共物品的政府机构。

在现实社会中,制度是一种无所不在的无形力量,它时刻影响着政府机构的行为。为了符合制度的要求,政府必须至少在表面上采用那些制度已规定或认可的组织形式和做法,而不管这些形式和做法是否有助于提高它们提供公共物品的绩效。从这个意义上讲,政府机构是外部制度的客观反映形式和载体。图 3-2 简单地列示了制度、交易契约与政府机构(作为一种经济组织)的关系。这表明,制度不仅影响了政府机构中生产要素所有者之间的契约关系,而且会对作为一系列契约关系集合体的政府机构产生实质性影响。

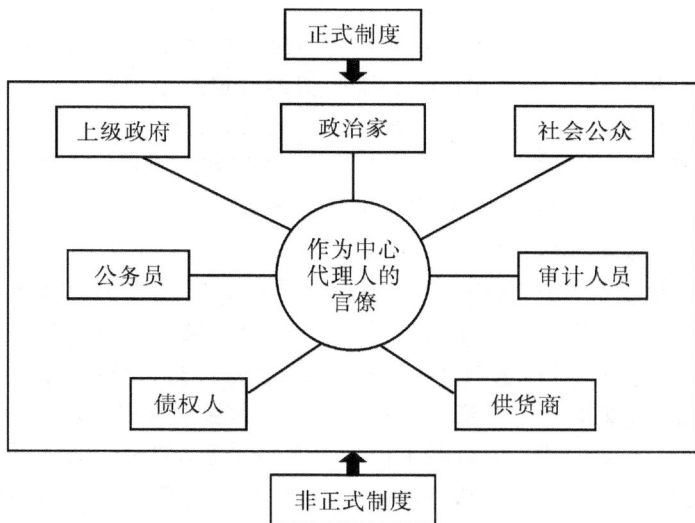

图 3-2　制度、交易契约与政府机构

---

① 丹尼尔·W.布罗姆利.经济利益与经济制度——公共政策的理论基础[M].陈郁,等译.上海:上海三联书店,上海人民出版社,2006:53.

第二节 | 政府会计的基本属性 ▶▶

负责提供公共物品的政府机构是一种特定的经济组织形式。[①] 以上讨论表明,作为一系列契约关系的集合体,它不仅受到节约相关交易费用要求的影响,而且还要考虑制度以及制度结构的约束。在此基础上,本部分将进一步探讨政府会计的基本属性,因为政府会计是政府机构的一个有机组成部分:首先,分析政府机构中的信息问题及其经济后果,以揭示政府会计存在的现实必要性;其次,逐步探讨政府会计的基本属性及其经济意义。

一、政府机构中的信息、不完全契约与委托代理问题

政府会计是一个信息系统,其最终产品是一种特定类型的会计信息。新制度经济学研究表明,信息在订立和履行契约过程中至关重要。信息与契约有着密不可分的联系,不受信息问题困扰的契约只是一个脱离现实的理论抽象。所以,本书首先依据新制度经济学理论,探讨政府机构中信息问题蕴含的经济意义,以揭示政府会计存在的客观现实基础。

(一)政府交易契约与信息不对称

在新制度经济学中,契约是一个十分重要的概念,其出现的频率绝对不次于制度这个概念。埃格特森(2004)甚至明确提出,契约的概念是新制度经济学的核心。[②] 本书在将政府视作负责提供公共物品的企业这个意义上讨论政府会计问题。正如企业这一契约关系集合体包括管理契约、债务契约、销售契约、税收契约等,政府也包含着若干由作为中心代理人的官员代表政府与其他理性经济主体订立的契约。从性质上看,这些契约是理性经济主体之间进行各种交易和资源配置的方式,它们规定了当事人双方在交易关系中的权利和义务,并且构成了他们之间互动的行为规则。

新制度经济学也认为,当事人双方订立和履行契约的过程通常会受到信息不对称问题的困扰。其中,信息不对称是指一方缔约者掌握着不为另一方所知的私人信息,尤其是他人无法验证的信息,从而在某些方面处于信息优势

---

① 对一个政府机构而言,它可能承担着政治、经济、文化和社会等多方面的功能。本书从政府提供公共物品的经济功能角度切入研究政府会计问题。

② 思拉恩·埃格特森.经济行为与制度[M].吴经邦,等译.北京:商务印书馆,2004:45.

地位，但也可能在其他方面正处于信息劣势地位。而且，它有时还意味着每个人并不确知其他人了解什么，不了解什么。[①] 值得注意的是，与信息不对称紧密相关的另一个重要概念是缔约者的机会主义行为[②]，它是指缔约者通过说谎、偷懒和欺诈等不正当手段谋取自身利益的行为[③]。具体而言，在政府所涉及的各种契约关系中，官员、政治家、社会公众、公务员、供货商、债权人等缔约者都占有不同的信息优势和劣势地位，并且有可能以不同方式机会主义地行事。只有在这些当事人可能采取机会主义行为的前提下，他们之间的信息不对称才会对订立和履行政府契约的过程产生影响，进而也使政府契约设计成为必然要求。

如果信息可以免费获取（即信息成本为零），订立和履行契约过程中就不存在信息不对称问题，那么交易双方当事人的所有顾虑也就可以打消了。但在现实生活中，消除信息不对称的信息成本是客观存在的，在有些场合甚至非常高。在这种约束条件下，如果要制定条款详尽的契约，当事人必须支付足够高的信息成本，而且也可能会失去有利的交易机会。因此，他们之间的契约通常是不完全的，总会留有一些未被指派的权利和未被列明的事项，实际上不能完全保障当事人的利益。从这个角度看，信息不对称是导致契约不完全的重要原因。而且，一旦契约是不完全的，当事人在履约时就可能采取机会主义行为，利用留有的"缺口"使自身利益最大化。这种事后机会主义行为的典型情况就是所谓的"敲竹杠"现象。Klein(1992)提出了一个可能的"敲竹杠"框架，其结果表明，由于契约的不完全性，交易中的一方当事人在履约过程中会利用契约中的漏洞"要挟"另一方，以占有产生于它的专用性资产投资上的准租。[④]而且，如果缺少有效的解决利益纠纷的附加机制，当事人之间的契约关系将是不稳定的。

政府和企业只是生产不同物品的组织形式，但实际上都由中心代理人与

---

① 谢德仁.企业剩余索取权：分享安排与剩余计量[M].上海：上海三联书店，上海人民出版社，2001：9.

② 从二者的关系看：一方面，机会主义行为以信息不对称作为前提条件，因为如果信息是对称分布的，机会主义行为就能够因被当事人双方所觉察而无从实际发生；另一方面，如果只是信息不对称，但缔约者都诚实无欺、严格遵守契约，这也不会构成问题。

③ 这意味着，作为理性经济人的缔约者有可能不会严格按照契约条款行事，这取决于他们对遵守或违反契约行为的净收益的评估。

④ Klein,B.契约与激励：契约条款在确保履约中的作用[C]//科斯等著.拉斯·沃因等编.李风圣主译.契约经济学.北京：经济科学出版社，1999.

其他理性经济主体之间的若干契约关系所构成。所以,上述关于信息不对称如何影响当事人双方契约关系的一般讨论不仅适用于分析企业内的契约,而且也同样适用于考察政府机构中的契约。因此,在信息不对称条件下,尽管政府机构中各种契约关系所包括的具体条款可能不同,但它们在性质上都属于不完全契约,因而官员、政治家、社会公众、公务员、供货商、债权人等缔约者都有可能采取机会主义行为。

信息与契约紧密联系在一起,订立与履行契约的每一步都离不开信息。在信息不对称情况下,契约不会减少交易双方当事人之间利益冲突的成本,除非缔约各方能够确定契约是否被违反。所以,在信息成本约束范围内,通过建立有效的机制实现缔约各方之间的信息共享将有助于订立和履行契约,保证它们满足稳定性的均衡条件。

(二)政府机构中的委托代理问题

尽管政府是由具有不同偏好和利益的理性经济人通过缔结各种明确的或隐含的契约而联结起来的经济组织,但在信息不对称条件下,它并不能消除机会主义的代理行为,如政府官员贪污腐败、公务员工作偷懒、纳税人偷税漏税等。这为依据新制度经济学中的委托代理理论探讨信息(包括政府会计信息)对政府的经济意义提供了契机。

1.委托代理问题的性质

从法律角度讲,委托代理关系发生于某个主体授权另一主体代表他从事某种活动之时。但在新制度经济学看来,委托代理关系通常包括两方面的基本意蕴:第一,它是由交易双方当事人之间建立的一种契约。这正如 Jensen 和 Meckling(1976)所言,委托代理关系是这样一种契约:在这种契约下,一个人或更多的人(即委托人)聘用另一人(即代理人)代表他们来履行服务,包括把若干决策权授予给代理人。[①] 而且,这种契约既可能是明确的,也可能是隐含的。第二,代理人所采取的行动会影响委托人的利益,因而具有外部性。Pratt 和 Zeckhauser(1985)认为,只要一个人依赖另一个人的行动,那么委托

---

① Jensen,M.C.and W.H.Meckling.企业理论:管理行为、代理成本与所有权结构[C]//陈郁.所有权、控制权与激励——代理经济学文选.上海:上海三联书店,上海人民出版社,1998:5.

代理关系便产生了，采取行动的一方为代理人，受影响的一方则为委托人。①
这里的"外部性"通常是指负外部性（或称外部不经济），其背后隐含这样的假
定：代理人的私人行动会影响委托人的利益，或者说委托人将不得不为代理人
的行动承担风险。可见，委托代理关系存在于所有的组织形式以及合作性努
力中。在政府机构中，政治家与官员之间的关系就是一种典型的委托代理关
系。

委托代理关系可能受到利益冲突和信息不对称的困扰，因而引发委托代
理问题，产生代理成本。在委托代理关系中，如果作为理性经济人的委托代理
双方都是效用最大化者，而且效用函数不同，那么他们之间就存在着利益冲
突。例如，如果政治家试图使再度当选的机会最大化，而官员试图使预算规模
或其他方面的私利最大化，他们之间的利益冲突就不可避免。这意味着，代理
人在追求自身效用或利益最大化时可能会偏离委托人的最佳利益。事实上，
委托代理问题的产生还需要一个重要条件，就是信息不对称和信息成本不为
零，因为如果信息对称，或者即使信息不对称，但信息可以无成本获得，尽管存
在利益冲突，委托人和代理人也可以通过签订一个完全契约解决委托代理问
题。只有在信息不对称条件下，代理人才有可能将损害委托人利益以谋取私
利转化为实际行动。可见，利益冲突和信息不对称是委托代理问题得以产生
的前提条件。

委托代理问题实质上是利益冲突的一方利用自身的信息优势损害另一方
利益的行为，它是机会主义行为在契约不完全情况下的一种表现形式。在现
实经济生活中，委托代理问题无所不在，是一种十分普遍的现象。Jensen 和
Meckling（1976）指出，在所有组织和所有合作性工作中——在企业的每一个
管理层次上，在大学里，在合伙公司里，在联合体里，在政府机关里，在工会里，
以及在代理关系就像在表演艺术和不动产市场中那样普遍并有规范分类的关
系中，该问题都是普遍存在的，因而具有一般性质。② 作为一系列契约关系的
集合体，负责提供公共物品的政府机构通过"契约之网"将不同的生产要素所

---

① Pratt, J. and R. Zeckhauser., Principals and Agents: The Structure of Business[M].
Boston: Harvard Business School Press, 1985. 转引自：程恩富，胡乐明. 新制度经济学[M].
北京：经济日报出版社，2004：119.

② Jensen, M.C. and W.H. Meckling. 企业理论：管理行为、代理成本与所有权结构[C]//
陈郁. 所有权、控制权与激励——代理经济学文选. 上海：上海三联书店，上海人民出版社，
1998：6-7.

有者有机地联结起来。但是,它并没有消除这些理性经济主体之间的利益冲突,而且他们也确实拥有不同种类和数量的私人信息。在政府机构中,人们之间最基本的行为关系是委托代理关系,最基本的问题是委托代理问题。而且,每一个经济主体可能同时处于不同的委托代理关系中的不同地位,因此通常既是委托人又是代理人。例如,在政治家与政府官员这一契约关系中,官员是代理人;而在官员与公务员的契约关系中,官员又以委托人的面貌出现。

2.委托代理问题的复杂性

尽管最终产出不同[①],但企业和政府机构都可以被视作一系列契约关系的集合体,它们通过契约将不同的生产要素所有者联结在一起。而且,委托代理关系普遍存在于这些经济组织当中,并且在利益冲突和信息不对称情况下带来委托代理问题,引发代理成本。

在提供私人物品的企业中,委托代理关系一般是单链条的(见图 3-3)。[②]图 3-3 表明,股东与董事以及董事与经理之间存在着一一对应的委托代理关系。而且,每一组经济主体之间都因目标不一致而存在利益冲突,所以在信息不对称条件下,代理人就可能采取损害委托人利益以谋求私利的实际行动,这时便产生了委托代理问题。但是,消费者与企业经理之间的关系已进入了市场领域中。由于在市场中,消费者并未聘用和授权企业经理代表其采取行动,而且他们可以拒绝购买企业所提供的私人物品,这时企业经理谋求私利的行为不会损害他们的利益。可见,消费者与企业经理之间的关系不符合新制度经济学关于委托代理关系的定义。

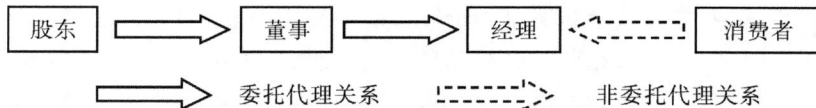

图 3-3　企业委托代理关系

在负责提供公共物品的政府机构中,委托代理关系更带有多重多层次的特征(见图 3-4),而非向企业那样是单链条的。

---

① 从经济组织角度看,这主要体现在私人物品和公共物品的区分上。

② 除了这些主体之间的委托代理关系外,经理与其下属雇员之间的关系也构成了企业委托代理链条的一个重要环节。但是,这种委托代理关系类似于政府官员与其下属公务员之间的委托代理关系。所以,为了体现企业和政府机构在委托代理关系上的差异性,以上两种委托代理关系被省略掉了,但这并不表明它们就是不重要的。

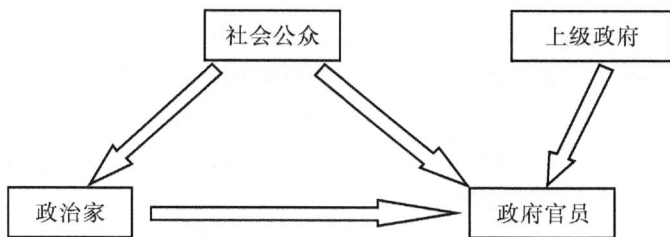

图 3-4 政府委托代理关系

首先,社会公众与政治家。在民主国家,社会公众以投票方式选举出政治家,并授权他们履行相关责任,如审批公共资金分配和使用、监督政府官员等。这时形成了社会公众与政治家之间的委托代理关系。这种关系还会因有关制度(如宪法法案)而得以强化。可见,政治家以社会公众代理人的身份进入政府契约关系集合体之中。

其次,政治家与政府官员。政治家希望雇佣专业人员(即政府官员),并通过预算方式授权其使用公共资金,以实现公共物品的有效供给。这时政治家与政府官员之间也会建立委托代理关系,这和社会公众与政治家之间的委托代理关系共同形成了类似于企业的单向委托代理链条。

再次,社会公众与政府官员。从政府单链条的委托代理关系看:一方面,政府官员可行使的权力是由社会公众授予的,以促使其履行提供公共物品的职责。此外,社会公众也可能通过投票方式直接授权给政府官员。另一方面,政府官员如何行动将会影响社会公众(作为纳税人和消费者)的切身利益。所以,在政府契约关系集合体中,社会公众与政府官员之间也存在委托代理关系。

最后,上级政府与政府官员。为了达成其政策目标,上级政府可能委托政府官员代其履行相关职责,同时授权其使用必要的公共资金。此时,政府官员要对上一级政府承担受托责任。这时形成了上级政府与政府官员之间的委托代理关系。

在政府契约关系集合体中,理性经济主体之间的委托代理关系错综复杂。这决定了政府机构中的委托代理问题较为复杂,因为在利益冲突和信息不对称情况下,每一种委托代理关系都可能产生委托代理问题,引发代理成本。

3.委托代理问题的形式

委托代理问题有两种典型的一般性表现形式,即逆向选择和道德风险。

这两个概念源于早期的保险文献,用于描述作为委托人的保险公司面临的不同风险类型。但从更一般的意义上讲,它们揭示出这样一种现象:在现实生活中,信息不对称是订立和履行契约全过程中客观存在的、不容忽视的问题,它使利益冲突的当事人双方在契约过程中的每一个阶段都会遇到一定的困难。换言之,无论是在订立契约之前,还是在订立契约之后,委托人都可能面临特定的委托代理问题以及代理成本。

逆向选择问题的产生归因于订立契约之前交易双方之间的信息不对称。具体来说,在订立契约之前,由于作为决策基础的相关信息的不可观测性,交易当事人必须要面对"隐蔽信息"问题,即当事人双方都隐蔽各自掌握的私有信息。这样一来,交易中的代理人可能在关于交易对象的位置、技能和可靠性等方面拥有信息优势,而委托人则知之甚少。其结果是,委托人可能不知道最好雇佣哪个代理人为其提供服务,以及怎样界定契约条款或权力范围。在这种状况下所达成的均衡契约通常只是次优的。事实上,Niskanen(1971)的官僚最大化模型可以理解为政治家与官僚在信息不对称条件下缔结公共物品生产契约的过程。由于官僚在关于投入成本和生产率方面享有更优更多的信息,所以他们之间通常都会达成这样一种均衡契约:它使政府预算规模最大化,而且生产出高于社会最优数量的公共物品。[①]

道德风险问题产生于订立契约之后交易双方之间的信息不对称。具体而言,在订立契约之后,除了"隐蔽信息"问题之外,交易当事人还要面对"隐蔽行为"问题,即当事人的实际行动只有他自己知道,而不能被其他人观测到。因此,即使在达成契约之后,交易中的委托人也不会确切知道另一方履行其所承诺责任和义务的程度。在这种情况下,代理人就可能利用多于委托人的信息,有目的地损害委托人利益而增加自身的利益,从而出现道德风险问题。举例来说,即使已经订立了提供公共物品的契约,政治家也不一定能够确认政府官员就是严格按照契约结构行事的,因为他们无法观测到政府官员的实际努力程度,而只能观测到部分运营成果,如公共支出额度、预算产出等,而且这些可观察的结果并不完全是政府官员努力的结果,还受到诸多客观因素的影响。也就是说,在订立契约以后,政府官员一般具有信息优势,拥有政治家所没有的关于自己努力水平和内部运营状况的私人信息。因此,政府管理就可以利用这些信息优势损害政治家的利益,如增加在职消费、贪污腐败等。

---

① WilliamA.Niskanen.官僚制与公共经济学[M].王浦劬,等译.北京:中国青年出版社,2004.

图 3-5 反映了在订立和履行契约的不同阶段，信息不对称所引发的委托代理问题的形式。

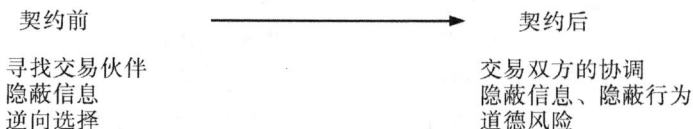

契约前 ━━━━━━━━━━━━━━━━━▶ 契约后

寻找交易伙伴   交易双方的协调
隐蔽信息   隐蔽信息、隐蔽行为
逆向选择   道德风险

图 3-5 信息不对称与委托代理问题

二、政府会计的契约性

对会计本质的认识在会计理论体系构建过程中起着决定性作用。但在这一问题上，人们的研究结论可谓五花八门、多种多样，在会计发展过程中形成了不同的观点。[①] 在政府作为一系列契约关系集合体的前提下，本书将首先探讨政府会计的基本属性之一（即契约性），从微观层面上的特定政府机构角度分析政府会计的经济意义和特性。

（一）政府会计在政府契约关系集合体中的作用

负责提供公共物品的政府机构是一系列契约关系的集合体，是多种生产要素所有者通过各种契约建立起来的经济组织。这些契约构成了一种内部"博弈规则"，具体规定了组织内每个代理人的权利，评价代理人的绩效标准以及他们所面对的薪金发放功能。[②] 但是，政府机构中也存在利益冲突。在信息约束条件下，每个参与者通常会受自身利益的驱使采取自己偏好的行为，或者说机会主义地逃避契约义务，如偷懒、在职消费、以权谋私、贪污腐败等，结果导致政府中的契约关系无法达到均衡稳定状态。在这种情况下，如何协调参与者之间的利益关系以贯彻执行相关契约，是政府机构必须面对的一个问题。

[①] Belkaoui(2004)概述了一些有关会计本质的不同认识。他指出，财务会计在其发展过程中形成了不同的构想，它们包括认为会计是一门语言，会计是一种历史记录，会计是目前的经济现实，会计是信息系统，会计是一种商品，最后，还认为会计是一种意识形态（见：Ahmed Riahi-Belkaoui.会计理论[M].4 版.钱逢胜，等译.上海：上海财经大学出版社，2004：60）。他的结论反映出人们对会计本质的认识是多种多样、不一而足的。

[②] Fama，E.and M.C.Jensen.所有权与控制权的分离[C]//陈郁.所有权、控制权与激励——代理经济学文选.上海：上海三联书店，上海人民出版社，1998：167.

政府会计提供了有助于订立和履行政府各项契约的会计信息,在一定程度上降低了信息不对称对政府契约运行效率的负面影响。Sunder(1997)指出,会计有助于实施和推行企业所包含的契约,因为它承担着五个方面的功能,即:(1)计量各个主体对企业资源集合的投入;(2)确定并支付每个主体的约定利益;(3)把其他主体履行约定义务和获取约定利益的情况告知相应的主体;(4)帮助维持一个缔约地位和由占有者提供生产要素的流动的市场,以使一个主体的离去不会危及企业的存续;(5)向所有参与分期商定契约的主体提供证实的信息的共同知识,以便进行协商和拟定契约。而且,这五项职能构成了理解会计作用的关键。① 此外,Sunder(1997)也指出,政府本身也可以被视作一个组织或一个企业,在这种情况下,政府和其他组织一样要有用以执行自身相关契约的会计与控制制度。② 可见,"企业"这一概念应当从广义上理解,它不仅包括通常意义上的负责提供私人物品的企业,而且还应当包括负责提供公共物品的政府。所以,除了适用于企业会计外,Sunder关于会计职能的认识同样适用于政府会计。这意味着,政府会计能够使负责提供公共物品的生产性企业(即政府机构)中的各项契约得以运作,因而构成了政府契约推行机制的重要组成部分。但由于面临着不同的产出市场和资本市场,所以政府和企业要采用不同的契约形式、管理激励和会计。③

在将政府视作一系列契约关系集合体的前提下,政府会计的具体职能内化和抽象为有助于订立、履行和解除政府契约。因此,政府会计应当通过计量、界定、反映和控制等功能,帮助政府有效地组织用于提供公共物品的经济资源,协助各缔约主体之间进行讨价还价,并将他们有机地联结在一起,以维护政府机构的生存、稳定与发展。

(二)政府会计的本质:一种不完全契约

作为一种推行机制,政府会计对政府中的各项契约具有建构作用。但依据新制度经济学理论及前文的分析来看,政府会计的本质是一种契约,是政府

---

① Sunder,S.会计与控制理论[M].方红星,等译.大连:东北财经大学出版社,2000:19-20.

② Sunder,S.会计与控制理论[M].方红星,等译.大连:东北财经大学出版社,2000:163-164,172.尽管最终产出不同,但政府和(商业)企业都具有"团队生产"的性质,也就是说,它们都是通过已缔结契约的不同生产要素所有者之间的相互协作来进行生产的。为了保证"团队生产"的效率,这些组织中的各项契约都应当得以实施和推行。

③ Sunder,S.会计与控制理论[M].方红星,等译.大连:东北财经大学出版社,2000:175-176.

缔约者之间讨价还价的结果。政府会计的这种契约本质主要体现在：

1.政府会计活动的空间，即会计主体是由一系列契约关系构成的集合体。负责提供公共物品的政府机构是一系列契约关系的集合体，它通过契约将不同的生产要素所有者联结在一起。而且，政府会计的确认、计量、记录和报告活动都限定在这一契约关系集合体当中，并为订立、履行和解除其他政府契约提供服务。

2.政府会计本身也是它所帮助运作的契约关系集合体的一部分。实践表明，政府会计经常直接明确地体现在政府契约结构中。例如在美国，凡接受联邦政府财务援助的州和地方政府部门，一般都要采用规定的会计程序和方法进行核算，并向上报告该项援助的使用情况及其结果。可见，政府会计活动的秩序来源于政府契约结构中的相关要求。

3.政府契约常常涉及对各个缔约者行为采取基于会计数据的限制。这一点上最明显的示例应当为预算和基金。我国中央政府采用的专项资金拨款做法也可以说明这一问题。为落实相关政策，中央政府近年来以专项资金形式加大对各级地方财政和政府部门的投入力度。为了确保专款专用，中央政府部门对专项资金的支付及其会计核算方法做出了具体规定，由各级地方财政和政府部门遵照执行。以我国农村义务教育经费保障机制改革中央专项资金为例。针对这一专项资金，除了财政部和教育部制定专门的支付管理暂行办法①外，财政部还制定了专门的会计核算暂行办法。② 我国各级地方财政和教育部门必须按照这些具体要求进行会计核算。

4.每个缔约者在政府契约关系集合体中的地位不同，因而在政府会计信息的最终权利和义务上会有很大差异。例如，政府官员通常掌握着多于其他缔约主体的内部信息，但他们同时还承担着披露会计信息的责任。政治家一般比单个的社会公众更易获取会计信息，但他们需要担负起更大的监督责任。所以，政府会计在一定程度上反映了政府缔约者之间的地位和利益关系，而这种关系又是由政府契约所确立的。

新制度经济学认为，契约通常是不完全的，其中总会留有一些未被指派的权利和未被列明的事项。出现这种现象主要是由于在环境的不确定性、人的

---

① 它是指《农村义务教育经费保障机制改革中央专项资金支付管理暂行办法》。该《办法》于 2006 年 4 月 6 日发布。

② 它是指《农村义务教育经费保障机制改革中央专项资金会计核算暂行办法》。该《办法》于 2006 年 4 月 17 日发布。

有限理性以及交易费用等因素的综合作用下,订立详细的、完全的契约需要耗费大量的成本。所以,如果说政府会计是一种契约,那么它也是不完全的。具体来说,由于环境的不确定性和人的有限理性,所以在订立契约时无法预测未来可能出现的各种情况,因而更无法对所有情况下的会计处理程序和方法做出详尽、具体的规定。进一步讲,即使这些问题得以解决,但政府会计的运行也必将带来极高的交易费用,并由此陷入"收益<成本"的困境。为此,作为一种契约的政府会计并未在每个细节上详细说明任何可能出现情况下应当遵循的会计处理程序和方法,留下了许多需要在未来具体事件发生时再进行解释和确认的东西,所以它是有"缺口"的、不完全的。

政府会计本质上是一种不完全契约,涉及两方面的经济含义:第一,政府会计是动态的、发展的。由于存在订约成本,交易双方最终缔结的契约是不完全的,也就是说,它包含缺口和遗漏条款,而且它还将随着时间的推移而进行修正和/或重新协商。① 所以,作为一种不完全契约的政府会计不是静态的、固定的,在其形成后还应当根据情势的变化做出适应性调整。在这个过程中,原有的政府会计构成了进一步修正和重新谈判的基础。第二,政府会计上的剩余权利体现出重要的经济价值。这种权利是政府会计契约中遗漏或未加规定的。由于会计具有经济后果②,所以掌握它们的代理人可以通过采取策略性行为增加自身的利益。Hebert 和 Freeman(1992)研究证实,一般政府运营报表的格式确实会影响使用者对政府财务状况的认识,进而对政府官员产生重要的经济后果。因此,政府官员可能通过策略性地操纵报表格式以实现私人利益。③ 这表明,政府会计上的剩余权利是一项具有经济价值的资源。

（三）政府会计契约的有效边界

在现实世界中,由于信息成本的普遍存在,所以政府会计只能在"收益≥成本"约束的允许范围内提供会计信息,不可能做到面面俱到、事无巨细。可以说,政府会计具有特定的契约边界。所以,作为一种不完全契约,政府会计

---

① Hart,O.企业、合同与财务结构[M].费方域,译.上海:上海三联书店,上海人民出版社,2006:25-27.

② Zeff,S.A.The Rise of "Economic Consequences"[J].The Journal of Accountancy,1978,146(6):56-63.

③ Hebert,M.G.and R.J.Freeman.Governmental Fund Operating Statements:Should the Format Be Standardized? [J].Accounting Horizons,1992,6(1):17-35.应当注意,在他们进行这项研究时,采用何种一般政府运行报表格式还尚未有明确的规定,它通常是由政府官员来自行决定的。

面临的首要问题就是要确定应当在何种范围内提供会计信息。

正如提供私人物品的企业一样，提供公共物品的政府机构也是以一种契约替代另一种契约，它们通过强制和命令等方式协调生产要素所有者的行为，从而节约在市场中进行交易的费用。但在现实世界中，由于存在信息不对称，政府也不能消除其内部委托代理关系中的机会主义行为以及由此引发的代理成本。这是政府会计存在的客观现实基础。在不确定且更为复杂的不完全信息环境下，会计不仅提供有关其他人的事项和行动的信息，而且提供有关游戏的结构以及该游戏中其他参与者的有关情况的信息。[①] 这些会计信息有利于减少政府中的代理成本，保证政府契约的订立与履行，推动政府的生存、稳定和发展。但是，政府会计不是在无摩擦的"真空"中运行，在提供信息减少政府中的代理成本时，也会产生必要的信息成本。政府会计契约的有效边界是由信息成本和代理成本的均衡结果决定的（见图3-6）。

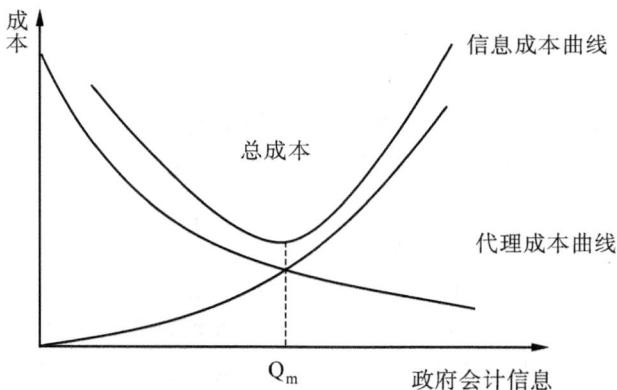

图3-6 政府会计的契约边界

信息成本是指政府机构因提供会计信息而引发的相关成本，代理成本是指在信息不对称条件下由代理人机会主义地行事所导致的成本。在图3-6中，信息成本曲线表明，随着政府会计信息的数量逐渐增加，信息成本也不断增加，同时边际信息成本为正且递增。代理成本曲线则表明，随着政府会计信息的数量增加，代理人的机会主义行为更易于被觉察，因而代理成本会逐渐下降，同时边际代理成本减少为正且递减。由于信息成本与代理成本存在着此消彼长的关系，总成本曲线会呈现先下降后上升的动态变化趋势，其上任何一

---

① Sunder S.会计与控制理论[M].方红星，等译.大连：东北财经大学出版社，2000：5.

点都代表了政府会计契约的一种边界。因此,确定政府会计契约的有效边界,需要综合权衡信息成本和代理成本的大小,寻找到在总成本曲线上的最低点。在图 3-6 中,这一点就是信息成本曲线和代理成本曲线的交点,也就是这两条曲线斜率的绝对值相等的那一点(即 Q_m)。这时,提供政府会计信息的成本增加恰好等于由增加的政府会计信息所减少的代理成本,政府机构的总成本维持在最低水平上。

对政府会计而言,这一结论具有重要的经济意义。在现实中,不同经济组织所从事业务活动的经济性质不同以及由此产生的契约设计上的差异,使它们通常面临着各自特有的信息成本曲线和代理成本曲线,在总成本曲线均衡点上的会计契约的有效边界也会相应地发生变化。Hay(2001)对新西兰公共组织的研究证明了这一点。他指出,由于这些组织所从事活动的性质和重要性水平不同,每种组织形式都面临着不同的委托代理关系,所以对它们存在着不同的受托责任和财务报告要求。[①] 这意味着,政府会计和企业会计在一定程度上存在差异,其最根本的原因在于政府和企业所提供物品的性质不同。但又是在各自契约关系中达成均衡的结果,从经济意义上讲都是有效的,无优劣之分。所以,在政府会计改革过程中,简单地将企业会计应用于提供公共物品的政府机构不是最有效的做法,应当允许依据政府机构的组织特征进行必要的调整。

(四)政府会计与缔约者的激励程度

负责提供公共物品的政府机构是一种特定形式的"生产性"企业,是一些具有利益冲突的理性经济主体之间一系列契约关系的集合体。这些缔约者都认识到,他们的自身利益有赖于政府的生存、稳定和发展,但与此同时他们又因受自身利益的驱使而产生偏离或违背契约结构的机会主义动机和行为。因此,政府会计不仅构成了政府这一契约关系集合体的组成部分,而且也成为政府所含契约推行机制的重要组成部分。从实际运行角度看,政府会计在形式上表现为一个人造信息系统,其最终产品是会计信息。所以,理解政府会计作用的关键,在于正确分析政府缔约者在订立、履行和解除契约过程中如何使用所生成的政府会计信息。

如果说会计信息有利于减少不确定性、机会主义行为和代理成本,那么它

① Hay,D.Public Sector Decentralization,Accountability and Financial Reporting in New Zealand[J].Journal of Public Budgeting,Accounting & Financial Management,2001,13(2):133-156.

必须建立在这样一个隐含的前提基础上，即理性经济主体主动需要并且利用政府会计信息进行监督和决策。政府会计所提供的信息必须内化于理性经济主体的监督和决策过程中才能够产生效率。新制度经济学认为，契约关系确立了交易当事人所面临的激励结构，进而也确定了他们可能的行为。在政府契约关系集合体中，人们的行动原则是谋取自己而不是别人利益的最大化。换言之，他们还是依据自身受到的利益激励行事的。因此，政府缔约者实际受到的激励程度决定着他们是否以及在多大程度上主动需要和使用政府会计信息。所以，除规定在何种范围内提供会计信息外，政府会计契约设计还应当考虑政府缔约者在政府契约关系集合体中受到的激励程度。

先验地假定人们主动需要和利用政府会计信息，却忽略了他们在政府契约关系集合体中受到的激励，这样形成的政府会计不一定被按照原有意图使用，因而也不能对监督代理人、降低代理成本和提高决策效率产生实质性影响。Brorström(1998)利用瑞典市政会计改革案例，研究了财务会计在公共部门中的作用。他发现，权责发生制政府会计事实上在发现问题和减少不确定性方面具有决策有用性，只是由于政治系统不能按照原有目的使用它，因而没有发挥出应用的工具性作用。[①] 这一结论表明，由于人们在政府和企业中受到的激励不同，如果不考虑政府的特殊性，将私人部门模型（包括企业会计）简单地应用于政府机构，并不能显著提升政府提供公共物品的绩效。所以，应当认真研究政府官员、政治家、社会公众等缔约主体在政府契约关系中受到的激励程度对政府会计具有的经济意义。正如 Patton(1992)曾着重指出的，应当通过深入研究公共选择文献，以认识理性的自利行为对政府财务报告、审计及其使用所隐含的意义。[②]

（五）政府会计契约性的经济寓意

在负责提供公共物品的政府机构中，存在许多需要进一步认知和解释的政府会计问题。例如，政府会计为什么存在？为何它可能采取不同于企业会计的其他形式？政府会计研究应当关注这些在日常生活中客观存在的政府会计现象，揭示其背后隐含的动因或者说"因果机制"。

作为理性经济人，人们采取何种经济行为受到追逐自身利益动机的驱使，

---

① Brorström,B.Accrual Accounting,Politics and Politicians[J].Financial Accountability & Management,1998,14(4):319-333.

② Patton,J.M.Accountability and Governmental Financial Reporting[J].Financial Accountability & Management,1992,8(3):165-180.

而且通常期望以最少的投入获得最大的效用或收益。做到这一点的最佳途径就是提高效率,即最大化自身的效用或收益对投入成本的比率。所以,决定某种经济现象发生的一个主要因果机制是"效率机制",即它是人们追求效率的结果。周雪光(2003)指出,如果把经济学的解释逻辑简单化一下,它讲的是一个效率机制。为什么人们会采纳不同的组织形式,为什么不同组织会有不同的激励设计? 经济学家认为这是人们追求效率这种机制所致。进一步说,这是因为在信息不对称或不确定的条件下,人们因时因地服从效率机制来设计组织制度的结果。①

政府会计的契约性表明,在负责提供公共物品的政府机构内的会计现象背后也同样隐含着经济学意义上的"效率机制"。可以说,在特定的政府契约关系集合体中,政府会计以某种形式存在,这是人们追求效率的结果;那么当政府契约关系集合体发生变化时,政府会计也会相应地发生变化,这同样是人们追求效率的结果。

三、政府会计的制度性

在缔约自由前提下,理性经济主体通过设计符合政府契约关系集合体要求的有效会计契约来追求效率。但在现实生活中,政府会计是在一个多种制度组成的复杂结构框架内运行的。所以,政府会计在某种意义上也是制度塑造的产物和载体。因此,有必要引入制度变量,进一步研究分析该变量对政府会计施加的影响。

(一)政府会计契约与制度

在探讨会计问题时,人们常常将"会计"与"会计准则"这两个术语互换使用。事实上,这种将两者完全画等号的做法并不妥当,因为它们是两个既有联系又有区别的概念。认清它们之间存在的关联性,首先需要从分析契约与制度的关系开始。

1.契约与制度的关系

从两者的区别看,契约是由交易双方当事人通过谈判协商过程达成的规则,其作用范围一般仅限于约束参与交易的契约当事人,对其他经济主体不会产生影响,因而带有更多的私人性质。所以,契约是交易的微观规制结构;制度则是公共选择而不是私人谈判的结果,它由人们共同遵守的正式规则和非正式规则构成,包含更多的公共性和强制性成分。所以,制度是交易的宏观规

① 周雪光.组织社会学十讲[M].北京:社会科学文献出版社,2003:16.

制结构。从两者的联系看,一方面,尽管契约和制度都是规制人们之间交易行为的规则,但前者通常受到后者的制约,并将其内化和反映到自身的条款中;另一方面,当契约得到人们的普遍认可时,它就可能被转化为制度。所以从这个角度说,制度本质上是一种标准化的契约。

2.政府会计契约与制度的关系

基于上述讨论,本书认为政府会计契约与制度的关系主要体现在:

(1)从两者的区别看,政府会计契约属于微观层面的范畴,而政府会计制度则属于宏观的范围。在提供公共物品的政府机构中,政府会计不仅是政府契约推行机制的组成部分,也是一种不完全契约。它是通过私人讨价还价过程所形成的结果,用于确定政府机构内部代理人的权利、明细代理人业绩的评判标准及其报酬支付方式等,对其他组织和个体不存在约束力,因而是一种微观层面的规制结构。政府会计制度是一种公共选择的结果,其作用范围一般较为广泛,用于约束管辖权范围内所有提供公共物品的政府机构,因此是一种宏观层面的规制结构。

(2)从两者的联系看,政府会计契约必须反映制约自身的政府会计制度的要求。因此,在提供公共物品的政府机构中,政府会计通常是相关会计制度塑造的产物。而且,如果某一会计形式(不限于政府会计)被认可,它往往会成为政府会计制度的构成要素,特别是当人们将其与政府高绩效地提供公共物品相联系时更是如此。现代企业的权责发生制基础会计和财务报告之所以成为许多西方发达国家政府会计制度的重要内容,在很大程度上正是因为被普遍认为有助于提高政府提供公共物品的绩效。

对提供公共物品的政府机构而言,政府会计制度是外在于它的制度结构的一个有机组成部分,而且对运行于契约关系集合体中的政府会计具有直接的塑造作用,并使其实质上转化为一项社会化、制度化的实践。政府会计制度与社会中存在的其他类型制度并没有什么差别,它使政府会计契约符合某些社会预期或标准而不是某个特定政府机构的客观要求。但作为公共选择的结果,并不是所有的政府会计制度都能够得到人们同等程度的偏爱和支持。

(二)政府会计制度的作用机理

政府会计制度是人类社会诸多制度中的一种特定形式,它们如何塑造在提供公共物品的政府机构中应用的会计(即作用机理),依据新制度经济学理论可以从强制或约束和激励两个层面进行分析。

(1)从强制或约束意义上说,政府会计是由政府会计制度塑造的,政府缔约者(包括组织和个人)本身没有自主选择的权利。新制度经济学认为,制度的主要特征之一在于它具有强制性或约束性,对组织或个人可以干什么、不可以干什么做出了具体的规定。政府会计制度也是如此,这主要体现在:第一,它可能是指令性的,即明确地指示出为实现特定的结果,政府会计应当采取什么特有的形式和方法,几乎不会给人们留下选择的余地;第二,它可能是允许性的,即定义了一组允许人们在其中进行自主判断和选择的政府会计形式和方法,那么未纳入这个范围的则是不被允许的;第三,它也可能是禁令性的,即禁止某些难以接受的政府会计形式和方法,例如不采用收付实现制。它并不明确地给出应当做什么或者在何种范围内进行选择的命令,所以给人们留下了自主判断和行动的巨大空间。负责提供公共物品的政府机构内的会计实践必须遵守政府会计制度的要求,不然就会受到惩罚。换言之,在存在相关制度的情况下,不管人们是否认可,政府会计都要按照它们的规定进行设计和运行,没什么好商量的。从这个意义上说,政府会计是一项强制行为意义上的社会化、制度化实践。

政府会计制度的强制力或约束力如能实现必须具备一些相应要件,例如:(1)发现与衡量违规行为的察觉机制,及时发现政府机构及其缔约者违反制度的行为及其具体程度,为制定惩罚措施提供依据;(2)处理违规行为的惩罚机制,使违反制度的行为变得不再划算,为此要对违规者施加高于其违规收益的违规成本;(3)由一个特定的权威机构有组织地实施。

(2)从激励意义上说,政府会计依然是由政府会计制度所塑造的,但这是政府缔约者(包括组织和个人)依据自身受到的激励进行自主选择的结果。新制度经济学认为,制度为人们提供了奖励或制裁。在这个前提下,制度并不是首先从可行方案中集中排除掉任何一种可选方案,它只是通过将报酬或成本加到某些可选方案上,使其相对于其他方案的吸引力发生或大或小的变化,从而制约了人们在各种方案中进行选择的能力。简言之,制度通过改变人们所面临的由资源分配和利益产生的激励而影响他们的选择行为。例如,如果采纳被普遍认可的政府会计制度将会提升某个政府官员的政治威望,而且这也正是该官员所孜孜以求的,那么他就可能受到接受、采纳这项制度的激励并将其付诸实践。政府会计制度不是强迫政府官员一定要按照其规定行事,而是通过改变他所面临的激励来影响其选择和行动。可以说,政府会计制度具有激励作用,可以通过影响资源分配和利益产生激励,诱使人们主动采纳符合其要求的政府会计形式和方法。例如,尽管 IPSASs 体现了国际政府会计改革的典型特征和发展趋势,但由于受到国家主权和管辖权的限制,对世界各国尚不具有强制性。但是,由于通过与 IBRD 的援助或贷款项目相结合的方式改变了资源配置,IPSASs 在许多发展中国家和地区得以应用。从这个意义上说,政府会计是一项自愿行为意义上的社会化、制度化实践。

在现实生活中,政府会计制度同时在强制或约束和激励两个层面上发挥作用,一般来说这只是一个问题的两个方面而已,因此很难明确地辨别和区分政府会计制度在不同层面上对政府会计的影响程度。

(三)政府会计制度结构

对提供公共物品的政府机构而言,其政府会计契约受到一系列正式的和非正式的政府会计制度的影响。这些制度不仅对政府会计直接产生影响,而且它们彼此之间也相互作用,共同构成了政府会计制度结构。

图 3-7 反映了政府会计制度结构的构成情况。其中,正式的政府会计制度包括法律法案、会计准则和概念框架、实务指南等。它们是人们(主要是议会、政府或准则制定机构)有意识创造的一系列政策法规。当然,这些制度的地位和作用不同,通常存在一种自上而下的层级关系。非正式的政府会计制

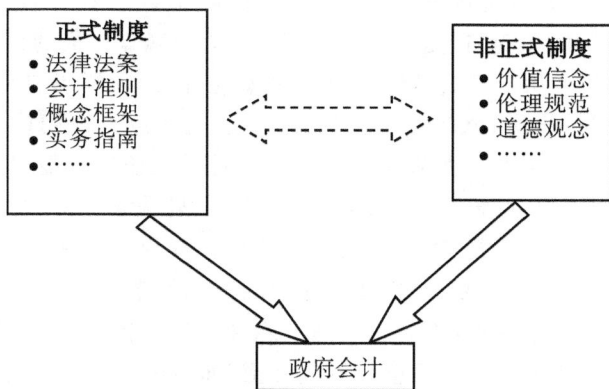

图 3-7　政府会计制度结构

度包括涉及会计的价值信念、伦理规范、道德观念等。它们是人们在长期交往中无意识形成的。这两种制度形式之间存在着紧密的互动关系,主要体现在:正式制度能够影响和改变人们的观念和看法,有助于形成新的非正式制度;反过来,非正式制度可以弥补正式制度的不完全性,使其能够高效率、低成本地实施,而且某些要素通过政治过程可以成为正式制度的一部分。负责提供公共物品的政府机构内的会计实践是在由这两种互动的政府会计制度形式构成的结构框架内运行的。

(四)政府会计制度性的经济寓意

政府会计的制度性揭示出,政府会计至少在形式上必须符合运行其中的相关制度结构的要求。从这个意义上看,政府会计不仅是政府会计制度塑造的产物,而且还成为政府会计制度的实际承载体。由于政府会计在特定的政府会计制度结构压力下运行,因而是一项社会化、制度化的实践。政府会计必须接受已在政府会计制度结构中确立起来的具有合法性[①]的会计形式和方法,而不管它们是否有助于提高政府契约关系集合体的内部运营效率。这表明,除了"效率机制"外,政府会计现象背后还隐含着一种"合法性机制"。因此,如果要关注提供公共物品的政府机构中的会计为何如此,那么必须要考虑它所处其中的相关制度结构的影响作用,即包括法律法案、会计准则、概念框架、实务指南等的正式制度和包括道德观念、伦理规范、价值信念等非正式制度的总和。

"合法性机制"下的政府会计不一定能够提升政府提供公共物品的绩效。但是,这却有助于政府机构得到人们的普遍认可和接受,确保政府官员等理性经济主体免受诟病和责问,提高了对其经济行为的隐含保证的价值,当遵循政府会计制度被视为服务于公共利益时更是如此,因而同样具有重要的经济意义。Jones 和 Pendlebury(2004)的研究证实了这一点。他们认为,被公布的已审计财务报表事实上一直都没有发挥反映受托责任的功能,尽管耗费资源编制它们。而且,地方当局公布已审计财务报表只是编制者为其内部会计提供隐含保证的方式:它们使得内部会计合法化。如果公布账户被视为公共利益的进一步扩展,与企业 GAAP 日益趋同的强制性逻辑可能就是:这种做法增强了内部会计的合法性,因而也提高了隐含保证的价值。[②] 一般情况下,如果政府会计有悖于外在的政府会计制度结构,如不按要求编制财务报表、会计舞弊和欺诈,这时就会出现"合法性"危机,政府及其官员往往会因此受到质疑、引起公愤,给自身的声誉和未来的发展机遇造成极大的损失。

综合上述分析,提供公共物品的政府机构、政府会计与政府会计制度结构之间的关系如图 3-8 所示。其中,图中小圆圈(外圆位置)代表处在同一制度结构中的不同政府,图中椭圆形圈(内圆位置)代表政府中的各项契约关系。

---

① 如果说某种形式或方法是合法的,这意味着它们已体现在正式制度的条款中,即使没有做到这点,也应当因受到人们的普遍认可而被广泛接受。

② Jones,R.and M.Pendlebury.A Theory of the Published Accounts of Local Authorities[J].Financial Accountability & Management,2004,20(3):305-325.

在图 3-8 中,作为一系列契约关系集合体的政府机构及政府会计契约通过"合法性机制"内化外部政府会计制度结构的要求;同时,政府会计契约只是政府各项契约关系中的一种,需要遵循"效率机制"的要求,充分考虑缔约主体受到的激励程度,而这可能由政府其他契约关系决定。对微观层面的单个政府机构而言,政府会计的基本属性要求"合法性机制"和"效率机制"的有效融通。

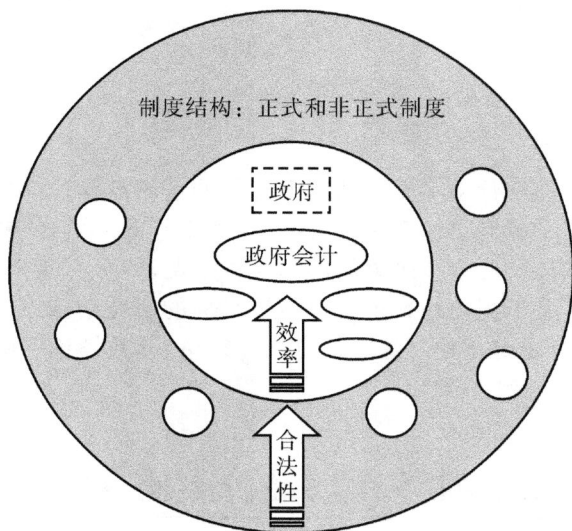

图 3-8　政府机构、政府会计与制度结构的关系

第四章
政府会计改革的经济本质和目标

▶▶▶

本章是在政府会计基本属性基础上进行的逻辑延伸,主要任务在于从负责提供公共物品的政府机构立场上,探讨政府会计改革的经济本质和目标问题。本章首先描述政府会计改革的国际实践情况,并分析指出其背后蕴含的经济本质;其次,基于国内外关于政府会计目标的研究结论,对政府会计改革目标进行认定、反思与重构。这是政府会计改革"绩效悖论"问题成因研究过程中承前启后的一个"桥梁"。

第一节 | 政府会计改革的经济本质

▶▶

截至当前,不仅在西方发达国家,而且在发展中国家,政府会计改革都是一种普遍存在的客观现象。但是,现象是本质的外在表现形式,因此应当透过政府会计改革现象审视其共同的经济本质。

一、政府会计改革的国际实践

从广义上讲,政府会计是对提供公共物品的政府中具有财务意义的交易和事项进行确认、计量、记录和报告的过程。[①] 所以,尽管政府会计改革属于一种纷繁复杂的现象,但通常都直接反映在确认、计量、记录和报告这四个特

---

① 这一部分主要从技术角度探讨国际政府会计改革实践中的一些普遍做法。

定程序和步骤的变化上,只是程度和做法有可能不一样。①

(一)政府会计确认

从国际实践情况看,世界各国政府会计确认方面的改革主要集中于不同程度地引入权责发生制会计基础。当前,这也是政府会计领域备受关注、饱受争议的一项课题。

1.可选的政府会计确认基础

传统上认为,会计确认基础主要有收付实现制和权责发生制两种。其中,前者是在收到或付出现金时确认相应的交易和事项;后者是在交易或事项实质发生的期间确认它们的财务影响,而不管现金是否已经收到或者付出。这两种会计确认基础的主要差异(但不局限于)如表 4-1 所示。但事实上,在会计上存在着这样一个会计确认基础区间,其范围从收付实现制基础这一极端到完全的权责发生制基础另一个极端。在这两个极端中间所发生的变化实际上或者是对收付实现制基础的修正,或者是对完全的权责发生制基础的修正。所以在实务中,可选的政府会计确认基础包括收付实现制、权责发生制以及它们的修正模式。

表 4-1　收付实现制与权责发生制会计基础比较

两种会计基础的差异	权责发生制	收付实现制
会计确认依据不同	权利取得和责任发生	款项实际收付
财务报告的目标不同	反映经营成果和绩效,如反映利润流	反映现金流动和结余情况
是否体现配比原则	体现配比原则	不体现配比原则

资料来源:石英华.政府财务信息披露研究[M].北京:中国财政经济出版社,2006:256.

不同的会计确认基础提供了各有偏重的会计信息,它们满足政府会计目标的能力不同。公共部门委员会(PSC)概括了各种会计基础在满足政府会计目标上的能力及其差异(见表 4-2)。在一定程度上,权责发生制会计确认基础下提供的信息更为广泛,但这并不意味着它在所有情况下都比其他会计确认基础更有效。在某种特定的环境中,最适合的会计确认基础取决于主体的性质和特征。正如 Hepworth(2003)所指出的,权责发生制政府会计改革不

① 这里只关注政府会计形式和方法上的变化,暂时忽略了政府会计制度方面的变化。应当注意,政府会计和政府会计制度不是同一个概念,所以它们的变化不能等同。政府会计改革可能是制度驱动的,也可能是自发进行的,但最终表现为政府会计形式和方法的变化。

一定能够解决收付实现制下出现的问题,甚至还会使状况恶化。为了实现权责发生制会计改革的收益,政府机构必须确保满足一定的前提条件,即健全的收付实现制会计、安全的内部控制、运行良好的外部审计,以及立法机构有能力要求行政部门承担责任。过于关注权责发生制会计的技术性而忽视它的运行环境将是一个严重的政策错误。[①]

表 4-2　包括修正的会计基础在内的各种会计基础——满足目标的能力

目　标	收付实现制		权责发生制	
	收付实现制	修正的收付实现制	修正的权责发生制	权责发生制
与法定预算的符合性	是	是	是	是
与法律、合同要求包括开支限制的符合性	现金需求和限制	现金和现金等价物的需求和限制	现金和财务资源的需求和限制	现金和经济资源需求和限制
资源、分配和财务资源的使用	现金资源	现金和现金等价物资源	现金和财务资源	现金和财务资源
提供基金和现金需求	现金资源	现金和现金等价物资源	现金和其他财务要求	现金和其他财务要求
为活动提供基金和偿付负债与责任的能力	来自现金	来自现金和现金等价物	来自财务资源	来自经济资源
财务状况及其变化	现金状况	现金和现金等价物状况	财务资源	财务和经济资源
根据服务成本确定的财务业绩	未报告信息	未报告信息	有限的信息报告	提供评估业绩的必要信息

资料来源:公共部门委员会.政府财务报告——公立单位委员会第 11 号研究报告[R].财政部预算司,香港理工大学课题组,译.北京:中国财政经济出版社,2002:19.

2.西方发达国家实施改革比较

新西兰是世界上第一个在政府会计中全面实施权责发生制确认基础的国家,而且它的开创性举措迅速风靡西方发达国家。但是,由于受到多种因素的制约,西方发达国家在实施政府会计权责发生制确认基础改革方面呈现出明显的差异。这主要体现在:

---

① Hepworth,N.Preconditions for Successful Implementation of Accrual Accounting in Central Government[J].Public Money and Management,2003,23(1):37-44.

(1)开始时间不同。表 4-3 反映了欧洲各国开始实施权责发生制政府会计改革的时间。可见,这些国家不仅启动改革的时间存有极大差异,而且在本国国内地方政府总是先于中央政府实施改革或两者同时进行。

(2)推进方式不同。刘光忠(2002)总结各国政府在政府会计改革中主要有三种推进方式:"一步到位"方式,即直接由收付实现制改为完全的权责发生制;"分步到位"方式,即先由完全的收付实现制过渡到修正的收付实现制,再由修正的收付实现制过渡到修正的权责发生制,最后由修正的权责发生制改为完全的权责发生制;"逐渐扩展"方式,即先根据实际情况对部分收入、支出项目或对部分资产、负债项目实行权责发生制,尔后再逐渐推广扩大。[①]

表 4-3 权责发生制会计改革波形

	20 世纪 70 至 80 年代	20 世纪 90 年代	2000 年后	还没开始
地方政府	瑞士、荷兰、瑞典	西班牙、法国、芬兰、英国	意大利、德国	
中央政府		西班牙、芬兰、瑞典、英国	瑞士、法国、欧盟委员会	德国、意大利、荷兰

资料来源:财政部会计司.欧洲政府会计与预算改革[M].大连:东北财经大学出版社,2005:9.

(3)实施程度和范围不同。许多西方发达国家已将权责发生制确认基础引入到政府会计中,甚至还将其应用范围进一步扩展到政府预算。表 4-4 列示了权责发生制确认基础在 OECD 成员国政府会计和预算中得到应用的程度和范围。

表 4-4 OECD 国家权责发生制应用情况一览表

程度＼范围	完全采用	局部采用	特别规定	补充规定
政府预算	新西兰、澳大利亚、英国、意大利	加拿大、芬兰、冰岛	丹麦、美国	德国、葡萄牙
政府财务报告	澳大利亚、芬兰、希腊、意大利、新西兰、瑞典和美国	加拿大、冰岛、芬兰	丹麦、法国、波兰、美国	比利时、德国、匈牙利、爱尔兰

资料来源:刘谊,廖莹毅.权责发生制预算会计改革:OECD 国家的经验及启示[J].会计研究,2004(7):10-14.

---

① 刘光忠.改进我国预算会计制度的思考[J].会计研究,2002(6):25-29.

除此之外,在西方发达国家的示范带动效应下,许多发展中国家也进行了类似的政府会计改革,逐步放弃完全的收付实现制,一定程度上采用修正的收付实现制或修正的权责发生制。

(二)政府会计计量

会计计量是把已确认交易和事项加以定量化入账和列入财务报表的过程。PSC指出,选择一个用于编制财务报告的计量体系即是要:(1)选择计量基础,即要计量的要素范围和属性;(2)选择用于表达计量的货币单位。[①] 从国际实践情况来看,各国政府会计计量方面的改革主要体现在计量基础的选择上。

1.计量对象

这里的计量对象是指要计量的要素,即会计系统要计量什么东西。在政府会计中,确认和计量是密切相关的——确认是计量的前提,所以计量对象的选择在很大程度上受已采用的会计确认基础的影响。表4-5列示了会计基础、计量重点和会计要素的一一对应关系。可见,随着会计确认基础由收付实现制转向权责发生制,政府会计计量对象的范围将逐步扩大。

表 4-5　会计基础、计量重点和会计要素

会计基础	计量重点	会计要素
收付实现制基础	现金结余(及其变动)	现金收入 现金支出 现金结余
修正的收付实现制基础	当期财务资源(及其变动)	现金收入加应收款项* 现金支出加应付款项* 现金及约当现金结余
修正的权责发生制基础	总财务资源(及其变动)	收入 支出 金融资产 负债 净财务资源

---

① 公共部门委员会.政府财务报告——公立单位委员会第11号研究报告[R].财政部预算司,香港理工大学课题组,译.北京:中国财政经济出版社,2002:229.

续表

会计基础	计量重点	会计要素
完全的权责发生制基础	经济资源（及其变动）	收入 费用（包括折旧） 资产（财务的和实物的） 负债 净资产（权益）

* 指从期末开始在某一特定期间内应当收回或付出的款项。

资料来源：IFAC，PSC.Elements of Financial Statements of National Governments[R]. Study 2，May 1993.

　　从欧洲国家的实践情况看，在传统的收付实现制会计确认基础下，这些国家的政府会计计量对象一般局限于现金收支及其结余范围内。但随着不同程度的权责发生制会计确认基础被引入，这些国家的政府会计计量对象也有了不同程度的变化。表 4-6 列示了一些欧洲国家中央和地方政府实施会计改革后计量对象方面的基本情况。

表 4-6　计量对象
（N：中央政府；L：地方政府）

负债	资产			
	货币资产	货币资产＋ 应收账款	货币资产＋应收 账款＋大多数 实体和无形资产	货币资产＋应收 账款＋全部实体 和无形资产
借款	德国N、荷兰N			
借款＋应付账款			西班牙L、意大利N	
借款＋应付账款＋ 大多数准备（重要项 目除外）			法国L、芬兰N	瑞士L、法国N、 意大利L
借款＋应付账款＋ 全部准备			英国L、西班牙N、瑞 士N	德国L、芬兰L、 英国N、荷兰L、 瑞典N、瑞典L、 欧盟委员会

资料来源：财政部会计司.欧洲政府会计与预算改革[M].大连：东北财经大学出版社，2005：10.

　　2.计量属性
　　计量属性决定了政府会计应当从哪一外在表现形式对其计量对象进行量

化和反映。这主要包括历史成本、现行成本、公允价值、可实现净值、未来现金流量贴现值、名义货币等几种。表4-7总结了瑞士、德国等一些欧洲国家以及欧盟委员会所采用的计量属性。在这些国家,一部分中央政府或地方政府倾向于实施现行成本模式,或者至少是将现行成本模式应用于某些类型资产的计量。这表明,在政府会计改革进程中,由于受到其他计量属性的冲击,传统上纯粹的历史成本模式占主导地位的情况已大有变化。

表4-7　政府会计计量属性

国　家		计量属性		
		历史成本	现行成本	历史/现行成本
瑞士	中央政府			×
	地方政府			×
德国	中央政府	×		
	地方政府			×
西班牙	中央政府	×		
	地方政府	×		
法国	中央政府			×
	地方政府	×		
芬兰	中央政府			×
	地方政府	×		
意大利	中央政府	×		
	地方政府	×		
荷兰	中央政府	×		
	地方政府	×		
瑞典	中央政府	×		
	地方政府	×		
英国	中央政府		×	
	地方政府			×
欧盟委员会		×		

资料来源:财政部会计司.欧洲政府会计与预算改革[M].大连:东北财经大学出版社,2005:12.

（三）政府会计记录

政府会计记录应当关注的首要问题是以何种形式在什么样的会计系统中登记已确认的交易和事项。当然，回答这一问题在很大程度上取决于政府会计确认和计量基础的具体情况。

传统上的政府会计被称为预算会计，它通常采用收付实现制确认基础，核算和反映预算资金的实际审批和收支活动，以控制和执行已批准的年度预算。因此，它一般只在单一的（预算）会计系统中记录那些只影响预算资金收支、具有预算意义的交易和事项。但随着引入不同程度的权责发生制确认基础以及由此扩展计量对象的范围，除了先前在预算会计中记录的那些交易和事项外，各国政府还需要在其会计系统中记录其他没有预算意义、却具有财务意义的交易和事项。[①]

从国际实践情况看，不同国家在进行政府会计记录方面的改革时采用了不同的处理方法。例如，有些国家平时依然维持着预算会计记录，会计期末再根据其他交易和事项对预算会计记录的结果进行调整，如意大利地方政府等；有些国家采用基金会计和普通账户群相结合的方式进行记录，如美国州和地方政府所做的那样；有些国家采用两个或更多的相互独立的会计系统进行记录，即在保持预算会计的同时添加了新型的权责发生制基础的财务会计和/或成本会计系统，如美国联邦政府、法国政府等。在这种情况下，一项交易或事项可能会依据其影响在一个或更多的会计系统中予以记录；还有些国家以新的权责发生制会计系统取代了传统的预算会计系统，如新西兰、澳大利亚等。表 4-8 列示了世界各国整合不同会计系统的几种典型做法以及各自的优缺点。

表 4-8　不同会计系统的整合

整合的会计系统	优点、缺点
1.维持预算会计系统与新的权责发生制会计系统的连接（严格的联系）（改革市一级的会计系统）[例如，比利时瓦龙（Walloon）的互助福利中心]	优点:权责发生制会计被引进和预算会计被维持 缺点:这样一个联系系统需要折中;不成功的连接会导致冲突

---

　①　从性质上看，如果说某一交易或事项具有财务意义，也就是说它的发生将会对政府控制和使用的经济资源产生影响。对政府而言，一项交易或事项可能会影响其预算资金的收支，因而具有预算意义，同时也具有财务意义。但是，一项具有财务意义的交易或事项不一定会影响预算资金的收支，因而也不一定具有预算意义。

续表

整合的会计系统	优点、缺点
2.传统的预算会计系统被抛弃,新的权责发生制会计包括完全的成本会计系统,附加相应的预算会计系统(例如,比利时佛兰德的互助福利中心)	优点:权责发生制会计的流行;整合成本会计系统 缺点:权责发生制会计观念限制了预算会计;过分强调权责发生制会计
3.预算会计系统(目前正在改革的非营利组织会计系统)	优点:是控制"公共钱包"的工具 缺点:没有累计数字;没有管理会计系统
4.保留预算会计,在年末重新分类扩展和进行会计调整,在年度末开发附加的权责发生制会计报告(例如,意大利的市政当局,Anessi-Pessina 和 Steccolini,2000)	优点:预算会计被保留;更容易实施;不同的报告为不同的目的 缺点:支持管理目的的权责发生制会计信息在一年内是不可以取得的
5.实施基金会计,即对政府不同的活动单独和相应地对待,因此不同的会计系统对应不同的活动(基金)(例如,美国政府)	优点:采用不同方法和不同目的的报告;其他系统的优点被保留,避开了缺点 缺点:需要定义不同基金;合并的难度较大
6."大总账"系统,由一个权责发生制会计、预算会计、成本会计的协调组合(例如,在比利时省的改革)	优点:整合会计系统 缺点:尚处在改革中,没有经验数据验证其可操作性

资料来源:王晨明.政府会计环境与政府会计改革模式论[M].北京:经济科学出版社,2006:162-163.

(四)政府会计报告

政府会计报告是形式和内容的有机统一体。从形式上看,它由一系列层次和地位不同的财务报表、报表附注、附表以及其他补充说明性资料等构成;从内容上看,它含有关于提供公共物品的政府机构的大量会计信息。因此,政府会计报告改革的国际实践情况可以从形式和内容两个方面描述。

1.政府会计报告形式

可选的政府会计确认基础与政府会计报告形式(即由哪些部分构成)存在着密切联系(见表4-9)。但是,尽管在不同的会计确认基础下一些政府会计报表的名称相同,但由于用于构建报表的会计要素不同,所以在内容和结构安排等方面必定存在差异。

表 4-9　不同会计确认基础情况下的政府会计报告形式

会计确认基础	政府会计报告形式
完全的收付实现制	收入支出表(或称现金流量表) 财务报表附注 其他附表或附加披露
修正的收付实现制	收入支出表 财务报表附注 其他附表或附加披露
修正的权责发生制	财务状况表 财务业绩表(或称为收入支出表) 现金流量表 净资产/权益变动表 财务报表附注 其他附表或附加披露
完全的权责发生制	财务状况表 财务业绩表 现金流量表 净资产/权益变动表 财务报表附注 其他附表或附加披露

资料来源:公共部门委员会.政府财务报告——公立单位委员会第 11 号研究报告[R].财政部预算司,香港理工大学课题组,译.北京:中国财政经济出版社,2002.本表主要依据该研究报告中的相关内容整理而来。

表 4-10 揭示出一些盎格鲁-撒克逊、北欧日耳曼、欧洲大陆和南美共同市场国家的中央政府会计报告形式上是如何构成的。这表明,在引入不同程度的权责发生制确认基础条件下,某些国家的政府(至少是中央政府)会计报告形式发生了多种多样的变化。

2.政府会计报告内容

从国际实践情况看,随着形式上的不断变化,政府会计报告的内容(即所包含的会计信息)也日趋丰富。与表 4-10 相对应,表 4-11 列示了一些盎格鲁-撒克逊、北欧日耳曼、欧洲大陆和南美共同市场国家中央政府会计报告所包含的部分信息内容。可见,在引入不同程度的权责发生制确认基础情况下,某些国家的政府(至少是中央政府)会计报告不仅涉及预算资金收支及其结余的信息,而且还包括有关资产、负债以及其他项目的大量会计信息。

表4-10 (中央政府层面)财务报告构成

项目	盎格鲁-撒克逊					北欧				欧洲大陆							南美共同市场						最大数
	澳大利亚	加拿大	新西兰	英国	美国	丹麦	芬兰	荷兰	瑞典	比利时	法国	德国	希腊	葡萄牙	西班牙	瑞士	阿根廷	玻利维亚	巴西	智利	巴拉圭	乌拉圭	22
一般概念																							
会计原则的偏离	×	×	×	(×)	×										×		(×)	(×)			(×)	(×)	11
以前期间的比较数字	×	×	×	(×)	×						×	×		×	×		(×)	(×)	(×)	(×)	(×)	(×)	15
会计政策变更	×	×	(×)	(×)	×				×		×				×								7
变更的前期影响	×	×	(×)	(×)	×							×			×								6
变更的原因	×	×	(×)	(×)	×										×								6
财务报表																							
修正权责发生制基础下的资产负债表	×		×	(×)	×		×				×				×	×			(×)				11
完全权责发生制基础下的资产负债表,包括折旧	×		×	(×)											×		(×)	(×)			(×)		7
财务资产和负债的资产负债表ᵃ		×	×																				1
业务运营表																							
账户格式	×	×	×	(×)	×		×				×				×				(×)	(×)			6
列报格式	×	×	×	(×)	×	×		×	×					×	×	×	(×)			×	(×)		9
已披露跨期分配	×	×	×	(×)	×										×	×							8

续表

项目	盎格鲁-撒克逊					北欧日耳曼						欧洲大陆					南美共同市场						最大数
	澳大利亚	加拿大	新西兰	英国	美国	丹麦	芬兰	荷兰	瑞典	比利时	法国	德国	希腊	葡萄牙	西班牙	瑞士	阿根廷	玻利维亚	巴西	智利	巴拉圭	乌拉圭	
其他财务报表	×	×	×	×	×	×	×	×	×	×	×	×	×	×	×	×	×	×	×	×	×	×	22
基金来源与运用表 b		×	×	(×)	×												(×)	(×)	(×)				7
现金流量表 b	×	×	×	(×)	×		×									×	(×)	(×)	×	×		×	12
利润-现金流量调整表	×		×	(×)	×		×																5
预算信息																							
年度预算表	×	×	×	×	×	×	×	×	×	×	×	×	×	×	×	×	×	×	×	×	×	×	22
支出按功能分类表	×	×		×		×	×	×	×	×	×	×	×	×	×	×	×	×	×	×	×	×	17
支出已按目标类型归组	×		×				×	×	×		×		×	×	×	×		×	×	×			11
收入已按来源型归组	×	×	×	×	×	×	×	×	×	×	×		×	×	×	×	×	×	×	×	×	×	21
预算执行表	×	×	×	×	×	×	×	×	×	×	×	×	×	×	×	×	×	×	×	×	×	×	22
预算现金流量表	×	×	×		×							×		×				×	×	×	×	×	10
债务表	×	×	×	(×)	×	×	×	×	×	×	×	×	×	×	×	×	×	×	×	(×)	×	(×)	18

a 表示资产负债表以修正的权责发生制基础呈报。它不包括非货币(金融)资产。

b 表示在 2001—2002 年期间同生效,但财务报表还没有发布。

(×)表示基金和现金各自的变动。

资料来源:Torres,L.Accounting and Accountability:Recent Developments in Government Financial Information Systems[J].Public Administration and Development,2004,24(5):447-456.

表4-11 (中央政府层面)财务报告中的信息

	盎格鲁-撒克逊					北欧日耳曼					欧洲大陆						南美共同市场						最大数
	澳大利亚	加拿大	新西兰	英国	美国	丹麦	芬兰	瑞典	荷兰	比利时	法国	德国	希腊	葡萄牙	西班牙	瑞士	阿根廷	玻利维亚	巴西	智利	巴拉圭	乌拉圭	
资产负债表*																							22
一般信息																							
养老金和退休计划准备方式	×	×	×	(×)	×																		5
或有资产和或有负债	×	×	×	(×)	×				×						×								7
未来资本支出储备额	×	×	×	(×)	×										×								6
资产																							
不动产、厂场和设备																							
土地和建筑物	×	×	×	(×)	×		×	×			×	×			×	×	×	×		×	×		14
厂场和设备	×	×	×	(×)	×		×	×			×	×				×	×	×	×	×	×	×	15
基础设施资产	×	×	×	(×)	×		×										×	×					7
累计折旧	×	×	×	(×)	×						×				×		×	×			×	×	8
其他长期资产																							
长期投资	×	×	×	(×)	×		×	×			×	×	×		×	×	×	×		×	×		15
长期应收款	×	×	×	(×)	×		×	×			×	×	×	×		×	×	×	×		×	×	15

续表

项目	盎格鲁-撒克逊					北欧日耳曼					欧洲大陆						南美共同市场						最大数
	澳大利亚	加拿大	新西兰	英国	美国	丹麦	芬兰	瑞典	荷兰	比利时	法国	德国	希腊	葡萄牙	西班牙	瑞士	阿根廷	玻利维亚	巴西	智利	巴拉圭	乌拉圭	
无形资产	×	×	×	(×)	×						×				×		×	×	×		×		22
预付费用	×	×	×	(×)	×		×	×							×	×		×	×		×		12
流动资产																							
现金	×	×	×	(×)	×	×	×	×	×		×	×	×		×	×	×	×	×		×		16
可销售证券（除长期投资外）	×	×	×	(×)	×		×	×			×	×	×		×	×	×	×	×		×		15
应收款	×	×	×	(×)	×	×	×	×	×		×	×	×		×	×	×	×	×	×	×		16
负债																							
长期负债	×	×	×	(×)	×	×	×	×	×		×	×	×	×	×	×	×	×	×		×	×	
被租保借款	×	×	×	×	×	×	×	×	×	×	×	×	×	×	×	×	×	×	×	×	×		21
流动负债						×	×	×	×	×	×	×	×	×	×	×	×	×	×		×		
银行借款和透支额	×	×	×	(×)	×	×	×	×					×		×	×	×	×	×		×		16
长期负债中的将到期部分	×	×	×	(×)	×	×	×	×			×		×		×	×	×	×	×				14
应付款	×	×	×	(×)	×	×	×	×			×		×		×	×	×	×		×	×		13

续表

项目	盎格鲁-撒克逊迹					北欧日耳曼						欧洲大陆					南美共同市场						
	澳大利亚	加拿大	新西兰	英国	美国	丹麦	芬兰	瑞典	荷兰	比利时	法国	德国	希腊	葡萄牙	西班牙	瑞士	阿根廷	玻利维亚	巴西	智利	巴拉圭	乌拉圭	最大数
其他负债和准备	×	×	×	(×)	×													×					22
业务运营表																							9
运营收入		×	×	(×)	×		×	×			×				×	×	×	×			×	×	13
折旧费		×	×	(×)	×		×	×			×				×	×	×	×			×	×	11
投资收入		×	×	(×)	×		×	×			×				×	×	×	×			×	×	12
利息费用		×	×	(×)	×		×	×			×				×	×	×	×			×	×	12
非经常性费用	×	×	×	(×)	×		×				×				×	×	×	×			×		9
非经常性收益	×	×	×	(×)	×		×				×				×	×	×	×			×		9
一致性水平（最大值25）	24	16	24	24	18	1	20	19	1	1	17	5	9	1	21	17	15	20	7	11	19		290
Cooke指数（一致性的百分比）	96	64	96	96	72	4	80	76	4	4	68	20	36	4	84	68	60	80	28	44	76	0	53

* 表示包括在资产负债表中的信息是通过对预算信息进行调整获得的。

（×）表示在2001—2002年期间生效,但财务报表还没有发布。

资料来源:Torres·L.Accounting and Accountability:Recent Developments in Government Financial Information Systems[J].Public Administration and Development,2004,24(5):447-456.

二、政府会计改革的经济本质解析

理论研究不能只限于简单地收集、堆积描述性资料,还要透过这些资料反映出的现象揭示问题的本质。所以,本部分将在提供公共物品的政府契约关系集合体框架内,基于政府会计的基本属性进一步解析政府会计改革的经济本质。

（一）政府会计改革的经济本质:契约的变更或替代

在不受制度变量影响的假定下,政府会计的契约性表明:(1)政府会计构成了政府契约推行机制的重要组成部分;(2)政府会计本质上是一种不完全契约,是动态的、发展的;(3)政府会计契约的有效边界取决于信息成本和代理成本的均衡结果;(4)政府会计必须将契约、激励与会计信息整合起来[①],才能提高政府提供公共物品的绩效。为了实现经济效率,政府会计作为一种不完全契约,应当根据政府机构及其所服务契约组合的规模和形式(或者说政府治理结构)不同而处于不断的动态变化状态中。从表象上看,尽管世界各国实施政府会计改革的时间、程度和范围不同,但它们都是在突破传统的收付实现制预算会计模式基础上,转向了某种新型的政府会计模式。从政府会计的契约性看,这种改革实现了从一种不完全契约向另一种不完全契约的转变,或者说是对不完全契约的进一步修正和完善。而且,它们在提供公共物品的政府机构这一微观层面上发生,其基本动因在于应对政府契约已出现的动态变化以及由此产生的经济后果。因此,政府会计改革的经济本质是契约的变更或替代。

政府会计的制度性表明:(1)政府会计不同于政府会计制度,它们之间的关系从本质上说是契约与制度的关系;(2)政府会计不仅是政府会计制度塑造的产物,而且还成为政府会计制度的实际承载体;(3)政府会计必须采纳已在政府会计制度结构中规定的会计形式和方法。因此,对提供公共物品的政府机构而言,除了政府契约的动态变化外,其会计改革也可能是政府会计制度变迁的结果和反映。这里对政府会计制度变迁和政府会计改革进行概念辨别是有益的:前者实质上是一种宏观层面上的制度变更或替代,对其管辖权限内的所有提供公共物品的政府机构产生约束;后者则是一种微观层面上的契约变更或替代,只对某个特定的政府机构产生影响。但是,政府会计制度变迁的结果又必然体现在政府会计改革或者说契约的变更或替代过程中。因此,尽管政府会计改革通常伴随着政府会计制度变迁,但这丝毫不会改变政府会计改

---

① 这三个要素之间相互结合的焦点就是政府治理。

革的经济本质。

为了提高政府提供公共物品的绩效,利用相关制度推进或者说管制政府会计改革,一般面临以下几个亟待解决的问题,即:(1)如何将政府契约、激励与会计信息整合起来;(2)如何耦合于政府制度结构中的其他制度;(3)如何加以实施。Barton(2005)指出,澳大利亚专业化的会计准则已经作为权责发生制会计改革过程的一部分被应用到公共部门。但是,如果只因企业和公共部门通常使用相同类型的资产就认为一套准则应当被运用到这两个部门是令人质疑的。由于政府和企业的运行模式(体现在它们的角色、运行环境和所面临的市场等方面)不同,为了会计系统能够提供决策相关信息,会计准则必须被修订以适应每个部门特定的信息需求。[①] 这表明,将基于企业契约关系集合体发展而来的会计制度简单应用于提供公共物品的政府机构不一定有效,需要依据具体情况进行修正。解决好这些问题是政府会计制度使"效率机制"发挥作用的关键所在。

(二)政府会计改革的外在表现:技术工具的引入

作为新公共管理运动的一个重要组成部分,政府会计改革在西方发达国家相继发生,并且逐步受到普遍认可,被认为是一种必然的发展趋势。从国际实践情况看,政府会计改革是重新选择一组用于会计特定程序和步骤(即确认、计量、记录和报告)的技术方法[②]的过程。在改革过程中,政府会计除了保留一些固有的内容外,在许多方面正逐步实现与企业会计的趋同。因此,政府会计改革的经济本质往往被许多人视为技术工具的引入。

从性质上看,这种观点强调根据某种既定目标选择适当、明确的技术工具,所以它是认识、解释政府会计改革问题的一种典型的理性模型。具体来说,对提供公共物品的政府机构而言,新公共管理旨在通过多种实现途径,解决财政问题、摆脱财政困境以及提高政府绩效。在这个框架内,政府会计目标通常也从确保符合预算限定转化为强化受托责任、提供决策信息抑或两者兼而有之。从这种意义上分析,政府会计改革正是选择有助于实现上述目标的新型政府会计模式,更宽泛地讲也就是引入一种更有效的技术工具。换言之,政府会计改革服务于技术工具性目的。这种理性模型具有极强的理论吸引力,因为以政府会计目标作为逻辑起点,它可以最大化演绎推理能力,并在一

---

① Barton,A.Professional Accounting Standards and the Public Sector—A Mismatch [J].Abacus,2005,41(2):138-158.

② 可以说,这些技术方法一般来源于现代企业会计中固有的内容。

定程度上预测出唯一解,即何为最优的政府会计模式。

为了求得政府会计(改革)目标,这种理性模型通常对主要的信息使用者及其共同的信息需求做出先验的假定,但却忽略了他们在提供公共物品的政府机构中实际受到的激励以及由此导致的行为模式,可以说缺乏现实主义基础。这无疑妨碍了政府会计改革研究向深度和广度的发展。为此,本书将提供公共物品的政府机构视作一系列契约关系的集合体,而且同时还要受到相关制度以及制度结构的约束。作为政府的一个有机组成部分,政府会计具有契约性和制度性。在此基础上进行延伸,政府会计改革也应当同样具有这两种属性。也就是说,政府会计改革既可能源于政府缔约者之间的讨价还价(博弈),也可能发轫于政府会计制度变迁,又或者是两者的混合产物。因此,技术工具的引入只是政府会计改革经济本质的外在表现和最终结果。

第二节 │ 政府会计改革的目标　　▶▶

对提供公共物品的政府机构而言,其会计改革是一项有意识、有目的的经济活动,需要服务于一定的目标。那么,对处在微观层面上的单个政府机构来说,"一定的目标"又应当如何界定呢?为了回答这个问题,本节首先回顾了国内外关于政府会计目标的研究结论,阐明了对政府会计改革目标的意蕴,并基于政府会计的基本属性对政府会计改革目标进行反思和重构。

一、国内外对政府会计目标的研究结论

政府会计目标是指人们期望政府会计实践所达到的境地或结果。它不仅是构建政府会计理论体系的一个基础概念,也是认识和评价政府会计实践的重要依据。从理论角度看,研究政府会计改革问题一般都要涉及对政府会计目标的认定,并在此基础上提出实施改革的具体策略;从国际实践情况看,政府会计改革正是对传统的收付实现制预算会计模式进行修正或变革,从而使新型政府会计模式符合已认定的政府会计目标的要求。所以,政府会计目标与政府会计改革目标之间存在着密切联系。

(一)有关机构对政府会计目标的认定

在政府会计改革过程中,有关国际组织和许多国家政府会计准则制定机构都阐述各自对政府会计目标的观点。

1.IFAC 下设的 PSC

1991 年 3 月,IFAC 下设的 PSC 发布了第 1 号研究报告,即《中央政府的财务报告》。该研究报告指出,财务报告应当说明政府或其组成单位对财务事项和托管资源的受托责任,并提供有助于决策的信息。为此,它要做到:(1)指明是否依据法定预算获取和使用资源;(2)指明是否依据法律和契约的要求(包括适当的立法权力机构确立的财务限定)获取和使用资源;(3)提供有关财务资源的来源、分配以及使用方面的信息;(4)提供有关政府或其组成单位如何为其活动融资以及满足自身现金需求的信息;(5)提供有助于评估政府或其组成单位为其活动融资、偿还负债和履行承诺的能力的信息;(6)提供关于政府或其组成单位财务状况及其变化情况的信息;(7)提供有助于评价政府或其组成单位体现在服务成本、效率和成就上的业绩的信息。[①]

2000 年 5 月,PSC 在其发布的国际公共部门会计准则第 1 号《财务报表的列报》中提出,公共部门财务报表的目标尤其应当是提供对决策有用的信息,并且应当从以下几个方面表明主体对其受托资源的经管责任:(1)提供财务资源的来源、分配和使用方面的信息;(2)提供如何进行融资活动并符合其现金要求方面的信息;(3)提供有助于评价主体为符合其负债和承诺的融资活动能力方面的信息;(4)提供有关主体财务状况及其变动的信息;(5)提供有助于依据服务成本、效率和完成情况来评估主体业绩方面的综合信息。除此之外,财务报表还应当具有预测或预期作用,提供有助于预测持续经营所需要的资源、持续经营过程中所能产生的资源以及相关风险和不确定性的信息。[②]

2.美国联邦会计准则咨询委员会(FASAB)

在联邦财务会计概念公告第 1 号《联邦财务报告的目标》(1993 年 9 月)中,FASAB 提出了联邦财务报告的四个主要目标及其对应的分目标,即:

(1)预算的真实性目标。政府的职责是在获得通过税收以及其他方式得来的资金以及使用这些资金的过程中,遵守其特定财政年度中与政府预算编制有关的法律和规定,联邦财务报告应有助于政府完成它的职责。这个目标源于一种典型的政府责任,即政府要对它取得和支出的资金负责,并要遵守法律的规定。其重点在于回顾性,即记录预算执行中的实际数据,并与国会根据现有的预算准则所制定的预算相对比。为此,联邦财务报告提供的信息应能

---

① IFAC,PSC.Financial Reporting by National Governments[R].Study 1,March 1991.

② 公共部门委员会.国际公立单位会计准则[S].财政部预算司,香港理工大学课题组,译.北京:中国财政经济出版社,2002:17.

够帮助使用者确定:①预算资源是如何取得和使用的,它们的取得和使用是否与法律的授权相一致;②预算资源的状况;③有关预算资源使用情况的信息是如何与有关项目运行成本的信息产生联系的,以及关于预算资源状况的信息是否与有关资产和负债的其他会计信息相一致。

(2)运营绩效目标。联邦财务报告应能协助报告使用者评价报告主体的工作努力程度、成本和工作的完成情况,有助于评价为进行这些工作和实现这些成果而进行的融资的方式,以及评价主体对资产和负债的管理。这一目标产生于民主政府的责任,即政府要对它的公民负责,要以经济的、高效率的方式来管理资源和提供服务,并有效地实现预定的目标,而且政府还有责任以高效率的方式获取资源。为此,联邦财务报告提供的信息应能够帮助使用者确定:①提供具体项目和活动的成本以及这些成本的构成和变化;②工作努力程度和工作的完成情况与联邦项目的关系,及其随着时间而发生的变化,以及它们与成本的关系;③政府管理其资产和负债的效率和效果。

(3)受托责任目标。联邦财务报告应能帮助使用者评价政府的运行和一定期间内政府所做的投资对国家产生的影响,以及由此导致的政府和国家的财务状况在过去已经发生的和将会在未来发生的变化。这一目标是以联邦政府要对国家长远的总体福利负责这一责任为基础的。它关注的不是政府所提供的具体服务,而是对政府应报告它广泛的活动成果的要求。为此,联邦财务报告提供的信息应能够帮助使用者确定:①在一定期间内,政府的财务是改善了还是恶化了;②未来的预算资源是否足以维持公共服务的提供以及是否足以偿还到期债务;③政府的运行是否对国家现在和未来的福利做出了贡献。

(4)系统和控制目标。联邦财务报告应能帮助使用者理解财务管理系统、内部会计和行政管理控制是否足以确保:①交易按照预算和财务法规及其他的要求执行,符合授权的目的,以及已经按照联邦会计准则进行了记录;②资产受到了适当的保护以防止舞弊、浪费的滥用;③提供了充足的绩效评价信息。这一目标来源于以上的三个目标,并与会计为组织的有效管理、控制和报告过程提供有用的信息这一事实相联系,事实上,会计过程是管理控制系统中一个完整的部分。①

3.美国政府会计准则委员会(GASB)

1987年5月,GASB在其发布的概念公告第1号《编制财务报告的目标》

---

① 美国联邦会计准则咨询委员会.美国联邦政府财务会计概念与准则公告[S].陈工孟,等译.北京:人民出版社,2004:24-31.

中指出,政府财务报告提供的信息应当帮助使用者评价受托责任及进行经济、社会和政治决策。但是,相对于企业财务报告而言,受托责任对政府财务报告更加重要,因而它是所有其他目标必须遵循的至高无上的财务报告目标。[①]在受托责任目标下,GASB还提出了三大类九小类目标。图4-1揭示了GASB关于政府财务报告目标的层级关系。

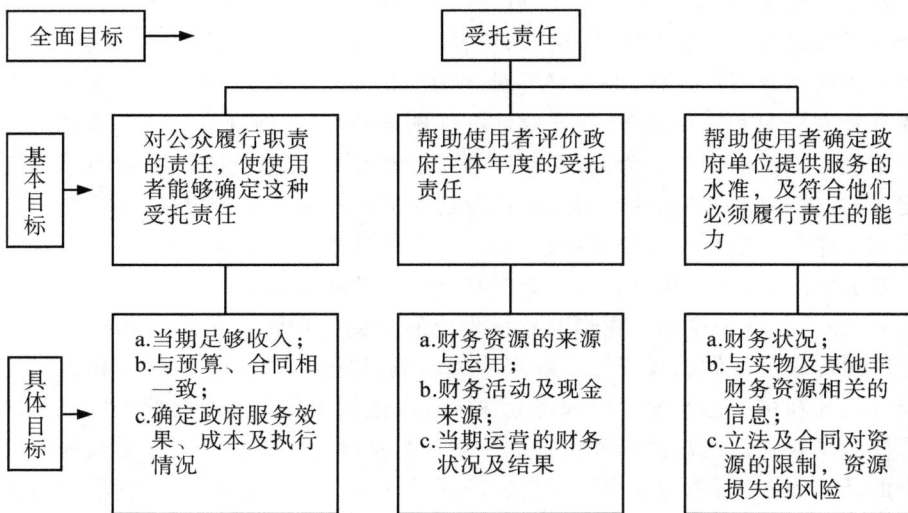

图 4-1 GASB 政府财务报告目标的结构

资料来源:李建发.政府会计论[M].厦门:厦门大学出版社,1999:151.

4.澳大利亚会计准则制定机构

1990年8月,澳大利亚公共部门会计准则委员会(PSASB)联合会计准则评估委员会(ASRB)发布了会计概念公告第2号《通用目的财务报告的目标》。该公告规定,财务报告的目标是提供关于某一主体的财务状况、财务业绩、投资和融资以及遵从预算情况等方面的信息,从而有助于使用者做出和评估稀缺资源配置决策。而且,当满足决策有用性目标时,政府财务报告也成为管理当局和治理机构解除其对使用者的受托责任的一种方式。由于使用者最终还是需要有关资源配置决策的信息,因此财务报告的受托责任目标应当包

––––––––––––––

① 美国政府会计准则委员会.美国州和地方政府会计与财务报告准则汇编[S].马如雪,等译.北京:人民出版社,2004:618.

含在决策有用性这一更广泛的目标内。① 2004 年 7 月,接受改组后的澳大利亚会计准则委员会(AASB)发布了一份名为《财务报表的编制和呈报框架》的会计概念公告,对财务报告的目标进行了简要的表述。该公告指出,财务报告应当提供关于某一主体的财务状况、财务业绩和现金流量的信息,以有助于使用者做出经济决策。而且,财务报告也表明管理当局履行受托责任或管理托管资源的过程和结果。②

(二)有关学者对政府会计目标的认定

除了会计准则制定机构外,许多学者在探讨政府会计(改革)问题时,也提出了对政府会计目标的一些认识。③

李建发(1999)认为,政府财务报告必须提供各级政府受托责任范围内完整而全面的、满足使用者需要的各种信息,以明确政府的受托责任,使使用者能够据以做出各种决策。④

陈志斌(2003)认为,根据历史的经验,结合我国的实情,我国构建政府财务报告的基本目标应当包括以下几个方面:反映国家资源的总存量、流量以及变化情况,反映国有资产的总量以及受托保管和经营中的保值增值财务信息,反映国家财政财务状况的会计信息;界定政府的受托责任;反映一级政府、机构或部门的综合财务状况;提供帮助政府机构内部管理与控制和立法机构或审计部门监督和检查政府及其机构部门的有关财务信息。而且,政府会计报告中反映政府的受托责任是一个非常重要的概念,所有的政府财务报告都应当以受托责任为依据。⑤

陈立齐和李建发(2003)认为,政府会计目标涉及三个层次:其基本目标是检查、防范舞弊和贪污,以保护公共财政资金的安全;中级目标是促进健全的财务管理;最高层次的目标是帮助政府履行受托责任。将政府会计目标划分为基本的、中级的和最高的三个层次,是有秩序地构建政府会计系统的需要。⑥

---

① PSASB and ASRB. Objective of General Purpose Financial Reporting[S]. SAC 2, August 1990.

② AASB. Framework for the Preparation and Presentation of Financial Statements [S]. Framework, July 2004.

③ 这里只简要列举了我国一些学者关于政府会计目标的观点。

④ 李建发. 政府会计论[M]. 厦门:厦门大学出版社,1999:160.

⑤ 陈志斌. 公共受托责任:政治效应、经济效率与有效的政府会计[J]. 会计研究,2003(6):36-39.

⑥ 陈立齐,李建发. 国际政府会计准则及其发展述评[J]. 会计研究,2003(9):49-52.

石英华(2006)认为,综合对我国政府财务信息使用者的信息需求分析,以及我国处于转轨时期的特殊国情,我国政府财务报告的目标应是多元复合的动态体系。目前,由于我国财政管理改革刚刚起步,财政资金管理中的违规和腐败现象还很严重,所以现阶段财务报告的目标应当兼顾预算资金使用的符合性、财政管理的要求和反映受托责任三个方面。其中,预算资金使用的符合性和财政管理的要求应作为当前政府财务报告的首要目标,反映政府的受托责任和决策相关是政府财务报告的长远目标和最高目标。为此,政府财务报告不仅要反映预算执行情况,而且还要反映政府的财务状况,如政府的资产、负债和净资产的有关情况。①

王晨明(2006)认为,在我国现行的政府环境下,报告受托责任和提供有利于决策的信息可以看作是政府会计的主要目标,而在其基础之上衍生出的具体目标应包括:(1)提供遵循政府预算的信息;(2)提供资源是否符合法律或合同要求的信息;(3)提供政府财务状况的信息,包括政府偿债能力的信息、政府财政收支的信息、政府现金流的信息等;(4)提供政府资源使用和占用的信息;(5)提供政府财政管理需要的信息,主要包括为适应财政资金的集中管理在承诺阶段和支付阶段的会计信息。②

常丽(2007)认为,我国政府财务报告应当从符合性目标逐步向更高层次的受托责任目标发展。所以,我国政府财务报告目标应从以政府宏观经济管理和预算管理为核心向以反映政府受托责任和满足信息使用者的需求为核心的方向转化。而且,我国还应当从符合性目标向受托责任递进的角度出发,在结合使用者信息需求的基础上,制定以下"适度"的政府财务报告具体目标:(1)反映政府预算收支的实际执行情况;(2)提供政府实际预算收支与预算对比的信息;(3)提供政府有关财务资金来源与运用的信息;(4)提供能够反映政府财务状况的资产、负债信息以及净资产增减变动情况的信息;(5)提供关于政府怎样筹措资金和满足现金需求的信息;(6)提供政府运营成本和服务成本方面的信息。③

(三)政府会计目标研究结论的特征

在政府会计改革的努力中,有关会计准则制定机构和许多学者都提出了

---

① 石英华.政府财务信息披露研究[M].北京:中国财政经济出版社,2006:248.

② 王晨明.政府会计环境与政府会计改革模式论[M].北京:经济科学出版社,2006:148.

③ 常丽.论我国政府财务报告的改进[M].大连:东北财经大学出版社,2007:177-181.

对政府会计目标的认定。本书认为,关于政府会计目标的研究结论具有以下几方面的特征:

1.从推演方式上看,为求得政府会计目标,这些研究一般都依据政府所面临的特定环境,首先探讨以下三个问题,即:(1)谁是政府会计信息的使用者?(2)他们需要什么样的信息?(3)政府会计能提供什么样的信息?对这些问题的回答将直接决定何为政府会计目标。

2.从最终定位上看,对政府会计目标的描述主要集中在"受托责任"和"决策有用"两个方面,但在两者孰轻孰重问题上还存在分歧。目前的主流观点是:对于政府而言,考虑到利益相关者在税收和公共服务方面都没有退出权,他们只能非常间接地影响政府税收和支出决策,所以财务报告中的"受托责任"较之"决策有用"更应当受到重视。[①]

3.从具体构成上看,通常认定政府会计目标具有一个层次分明的结构。其中,"受托责任"或"决策有用"处在整个目标层次结构的最上层。其他各项目标都是以被认定的最高目标作为逻辑起点演绎而来,也就是说它们都是围绕最高目标展开的,在整个目标层级结构中处于较低的位置。

二、政府会计改革目标的认定、反思与重构

政府会计改革是一种具有意识性、目的性的活动,这涉及如何认定政府会计改革目标的问题。从政府会计的基本属性看,对政府会计改革目标应当在现有研究基础上进行更加深入的反思与重构,更好地指导政府会计改革实践。

(一)对政府会计改革目标的认定

国内外对政府会计目标的研究结论表明,政府会计改革应当有助于实现三方面的目标,即建立新型的政府会计模式、提高政府履行受托责任的绩效以及提升使用者的公共利益。[②]

1.建立新型的政府会计模式

建立新型的政府会计模式目标是政府会计目标最直接的逻辑衍生物。不

---

① 王雍君.政府预算会计问题研究[M].北京:经济科学出版社,2004:292.

② 这三项政府会计改革目标是依据有关会计准则制定机构和一些学者关于政府会计目标的研究结论得出的,它们并不是本书对这一问题的最终结论。从列举的政府会计目标研究结论看,国内外的政府会计改革目标基本上涉及这三项内容。但从国际实践情况来看,不同国家、不同政府机构进行政府会计改革的目标可能存在差异。本书根据政府会计的基本属性所提出的政府会计改革目标可以证实这一点。

论定位于"受托责任""决策有用"抑或两者兼而有之,政府会计目标所内含的经济意蕴之一就是向使用者提供全面、系统、完整的会计信息。也就是说,除了年度预算收支执行情况及其结果外,政府会计还应当反映政府财务状况及其变动、财务业绩、现金流量、公共物品成本以及资金使用效益等方面的情况。但由于被视作政府预算执行和控制的工具,传统的预算会计模式一般侧重于核算和反映公共财政资金收支活动,因而无法满足会计信息使用者的需求。所以,政府会计改革应当对传统的预算会计模式进行修正或变革,以建立在确认、计量、记录和报告等方面焕然一新的新型政府会计模式,其最终结果表现为将一种新的技术工具引入到提供公共物品的政府机构中。

2.提高政府履行受托责任的绩效

除了提供全面、系统、完整的会计信息外,政府会计目标所内含的另一项经济意蕴是帮助使用者从以下若干方面更为准确地评估政府履行受托责任的绩效,从而更有效地做出稀缺资源配置决策,即遵从预算、按照运用方面的限制使用资源、有效运用财政资金、降低公共物品成本以及资本资产的保全等。这对政府会计提出了新的和更高的要求,即不仅要确保政府依从预算或其他法定限制收支财政资金,而且更需要为政府进行高效管理和决策服务。由于核算范围过于狭窄,传统的预算会计只能满足确保收支符合性的要求,但在加强政府内部管理、提高政府绩效方面却不尽如人意。由此可见,政府会计改革本身不是目的,它是为了弥补传统的预算会计存在的缺陷,更有效地发挥政府会计在经济资源配置和控制等方面的作用,以提高政府履行受托责任的绩效。

3.提升使用者的公共利益

社会公众、立法机构、投资者、债权人等主体与政府存在着紧密的利害关系,政府行为及其结果会对他们的切身利益产生直接影响,因而需要利用会计信息监督和评价政府受托责任的履行情况,并做出各种相关决策。因此,政府会计目标的第三项经济意蕴是满足这些利益相关者共同的信息需求,以维护他们的利益。也就是说,政府会计必须提供有用的会计信息以服务于公共利益。因此,政府会计改革应当有助于进一步提升公共利益,即通过修正或变革传统的预算会计模式,以更有效地达成"受托责任"和/或"决策有用"会计目标的要求,使这些会计信息使用者能够从中受益更多。

总之,在"受托责任""决策有用"抑或两者兼而有之的政府会计目标视角下,政府会计改革的目标可以定位于在提供公共物品的政府机构中引入一种价值中性的技术工具,以提高政府受托责任绩效,解决财政管理问题,增进公共利益福祉。

（二）对政府会计改革目标的反思

上述对政府会计改革目标的认识主要集中于技术工具层面,在此指引下的理论研究则体现为技术方法导向,即认定何为最优的政府会计模式。但是,仅从这个层面来研究政府会计改革问题存在一些理论不足。

1.先验假定政府会计信息被有效使用

在先验假定会计信息将被使用者有效地用于评估政府受托责任、做出资源配置决策的基础上,技术工具层面上的研究能够集中于探讨如何对政府会计各环节(包括确认、计量、记录和报告)进行修正或变革,从而使其产出比传统的预算会计更全面、系统、完整的会计信息,以更好地满足使用者在受托责任和决策方面共同的信息需求。可见,这是一种典型的基于会计信息使用者需求的公共利益模式。但 Jones(1992)对这种模式提出了质疑,因为它通常没有所建议的会计模型在实际中如何被使用的经验证据。他指出,由于受到激励的限制,投票者和政治家没有使用政府会计信息的动机,而压力群体也只关注与自身利益相关的特定类型的决策信息。政府会计只是将公共资金在竞争性要求之间进行分配时讨价还价的工具。因此,公共利益不存在,所以发布财务报表也不是为了实现公共利益。这种宣称服务于使用者需求的公共利益模式,事实上是缺乏法律强制力的会计职业机构获取合法性的主要途径。①所以,研究政府会计改革问题必须描述、解释和预测政治系统和政府缔约者在评估政府受托责任、做出资源配置决策时如何使用会计信息。当然,这在很大程度上取决于理解经济主体自身在政府中所受到的激励情况。

2.单纯强调通过会计改革实现政府绩效

技术工具层面上的研究强调通过对传统的预算会计模式进行修正或变革,以提高政府履行受托责任的绩效,解决财政管理问题。所以,实施政府会计改革是为了应对财政危机,提高政府绩效,确保其以最低的成本提供公共物品。Helden(2000)指出,对政府机构中发生的企业型变革存在两方面的解释,即像宣称的私人部门对公共部门的优越性等意识形态原因和财务危机假设。后者认为,处于财务困境中的政府有激励采用企业型的工具和方式,即一个城市的财务状况越差,它就越可能采用企业型的计划和控制工具。他利用荷兰 8 个城市的相关数据进行了检验。结果表明,财务危机假设在单个机构的微观层面上没有证据支持。但由于受到特定因素的限制,它也不意味着该

① Jones,R.The Development of Conceptual Frameworks of Accounting for the Public Sector[J].Financial Accountability & Management,1992,8(4):249-264.

假设已被否定。^① Ellwood(2002)也指出,公共部门会计革命起源于关注绩效和信仰商业方式的管理主义改革。^② 这些研究表明,除了追求绩效外,政府会计改革或许只是为了使提供公共物品的政府在会计方面符合相关制度(包括人们的普遍预期)的要求,即政府会计改革的动因是多方面的,不能只考虑分析政府绩效因素。

3.不当夸大通过政府会计改革提升公共利益

除了更好地满足使用者的信息需求和实现政府绩效目标外,技术工具层面上的研究还倡导通过会计改革改进政府运营方式及其结果,以进一步提升公共利益。Jones(1992)已指出,公共利益不存在,所以发布财务报表不是为了实现公共利益。^③ 他所强调的是,政府缔约者是围绕个人利益做出行动(包括是否需要和使用政府会计信息)决策的,而不关心其他人的利益情况。换句话说,尽管对整个群体是有利的,但如果不符合其中某个成员的利益,这时他就会选择不采取行动。这种表述与经济学中的"理性经济人"假设是一致的。而这里的"公共利益"是指对整个群体的利益,并非Jones意义上的用法。举例来说,由于政府收入主要来源于税收,如果政府能够提高其提供公共物品的绩效,那么它对整个纳税人群体就是有利的。但事实上,政府会计改革本身不足以转换政府运营方式,改进其提供公共物品的绩效,提升公共利益的目标也难以实现。所以,以下这种做法是不适当、不合理的:只提倡通过政府会计改革提升公共利益,但却忽略了其他因素^④的影响作用。

(三)对政府会计改革目标的重构

政府会计具有契约性和制度性,因此引入一种技术工具只是政府会计改革经济本质的外在表现和最终结果。这里在此基础上进一步探讨对提供公共物品的政府机构而言,其政府会计改革究竟要达成什么样的目标。

1.政府会计契约性的目标意蕴

在将政府视作一系列契约关系集合体的前提下,政府会计的基本目标之

① Helden,G.J.Is Financial Stress an Incentive for the Adoption of Businesslike Planning and Control in Local Government? A Comparative Study of Eight Dutch Municipalities[J].Financial Accountability & Management,2000,16(1):83-99.

② Ellwood,S.The Financial Reporting(R)evolution in the UK Public Sector[J].Journal of Public Budgeting,Accounting & Financial Management,2002,14(4):565-594.

③ Jones,R.The Development of Conceptual Frameworks of Accounting for the Public Sector[J].Financial Accountability & Management,1992,8(4):249-264.

④ 其中包括确保新型政府会计模式发挥出应有作用的条件。

一是通过提供会计信息,使政府契约能够完整、持续地得以订立、履行和解除,不至于因存在信息不对称和机会主义行为问题而终止,即要确保政府契约全过程的经济效率(简称"契约绩效")。为此,政府会计必须综合考虑如何将契约、激励和会计信息整合起来。它应当因政府机构及其所服务的契约组合的规模和形式不同而处于不断的动态变化状态中。从政府会计的契约性看,这正体现出"效率机制"的影响作用。政府会计改革可能是人们追求经济效率的结果。

2.政府会计制度性的目标意蕴

政府会计是一项社会化、制度化的实践,它必须至少在形式上要采纳已在政府会计制度结构中确立起来的具有合法性的会计模式。这种做法不一定会提高政府契约关系集合体的内部运作效率,但却有助于使政府机构及其各项契约得到人们的普遍认可,确保政府官员等理性经济主体免受诟病和责问,提高了对其经济行为的隐含保证的价值,特别是当遵循政府会计制度被视为服务于公共利益时更是如此。因此,除了契约的动态变化外,政府会计还可能因相关会计制度变迁而不断发展变化。从政府会计制度性看,这恰恰反映出"合法性机制"的影响作用。所以,政府会计改革可能是政府契约关系集合体获取合法性努力的结果。

3.政府会计改革目标的维度

综合上述分析,对负责提供公共物品的政府机构而言,其会计改革可能服务于以下两种目标,即:(1)确保契约绩效。它源于政府会计的契约性,其实现途径在于有机地整合政府契约、激励和会计信息。(2)提高契约合法性。它源于政府会计的制度性,其实现途径在于至少从形式上符合相关会计制度的要求。所以,政府会计改革的目标具有两个维度(见图4-2)。在图4-2中,每个点分别代表不同政府机构实施政府会计改革的程度以及对应的实现目标情况,两条虚线分别代表契约边界和制度边界,分别由契约成本和制度成本决定。实际上,两种目标对政府会计的要求不一定完全一致,有时候甚至截然相反。这正是研究政府会计改革"绩效悖论"问题成因的突破口。

政府会计的契约性和制度性以及由此确立的改革目标,决定了必须进一步关注两方面问题,即:(1)宏观层面上影响政府会计改革的制度结构;(2)微观层面上的政府契约及其产生的激励效应。从国际实践情况看,制度驱动是推进政府会计改革的一种典型特征,所以首先要关注宏观层面上影响政府会计改革的制度结构。

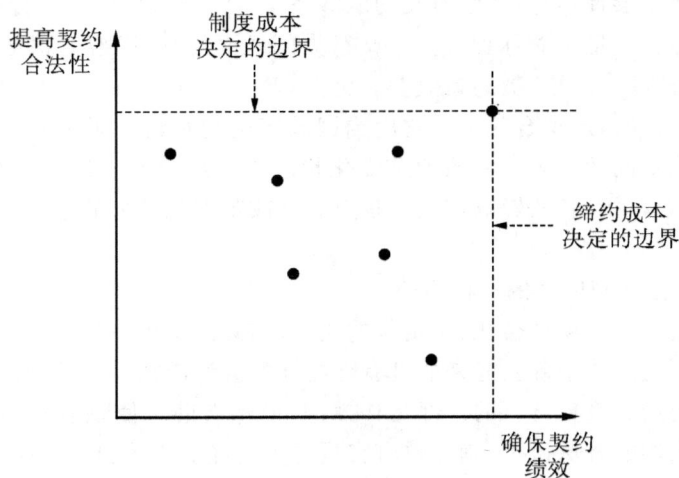

图 4-2　政府会计改革目标的维度

第五章

政府会计改革衍生问题(一)：
制度结构

▶▶▶

　　影响政府会计改革的制度结构由一整套正式制度和非正式制度构成,在宏观层面上制约着提供公共物品的政府机构应当采取何种会计形式和方法,在政府会计改革过程中发挥着十分重要的作用。本章首先基于一些西方发达国家、有关国际组织以及我国的实践分析了其中的正式制度;其次,从影响提供公共物品的政府机构的意识形态入手分析,阐述影响政府会计改革的意识形态所具有的特征;最后,探讨影响政府会计改革的两种制度形式之间存在的互动关系。

第一节 | 关于政府会计改革的正式制度　▶▶

　　对负责提供公共物品的政府机构而言,影响其会计改革的正式制度包括相关法律法案、会计准则、概念框架以及实务指南等。[①] 从实际情况看,通过出台相关制度(即制度变迁)启动和推进政府会计改革是西方发达国家、有关国际组织以及我国的典型特征。这使国际政府会计改革表现出显著的"合法性机制"作用。

一、西方发达国家

　　尽管推进政府会计改革的具体方式不同,但西方发达国家通常将制定相

---

　　① 这里关注的焦点是这些正式制度中有关政府会计的具体规定,而忽略了它们被制定出来的公共选择过程。

关制度作为一种主要手段。这为考察关于政府会计改革的正式制度提供了有利条件。①

(一)美国的情况

在美国,联邦政府和州及地方政府的会计改革实践分别受制于不同正式制度的影响。

1.联邦政府

近年来,正式制度的重大变化为联邦政府会计改革注入了强大的驱动力。它们主要包括:(1)1990年的《首席财务官法案》,要求联邦政府及其行政部门设置首席财务官职位,而且每年要根据GAAP编制财务会计报表,且报表必须经过审计;(2)1993年的《政府绩效及成果法案》,要求联邦政府部门提交战略性计划和绩效报告;(3)1994年的《政府管理改革法案》,要求从1994年开始报送包括政府部门在内的政府财务报告,而且部门财务报告和准备金以及美国政府整体的财务报告都要经过审计;(4)1996年的《联邦财务管理改进法案》,要求联邦政府部门应该实施和确保财务管理系统在交易处理层面充分遵守联邦财务管理系统的要求、会计准则和政府标准通用分类账;(5)联邦会计准则咨询委员会(FASAB)②制定发布的会计准则(见表5-1)和概念公告(见表5-2)。

---

① 总体而言,西方发达国家在政府预算与会计领域的理论与实践可以分为两大类:(1)盎格鲁-美国模式。它根源于英国传统,目前在英国、美国、新西兰以及其他的英语国家都得以采用。该模式强调政府(包括行政和立法机构)对社会公众的受托责任。(2)欧洲大陆模式。它又可以具体细分为两种,一种是由法国、意大利和西班牙采用的"拉丁"版本,另一种是由德国、瑞士、荷兰以及斯堪的纳维亚国家采用的"日耳曼"版本。该模式则强调行政对议会的受托责任是必要和充分的。但是,各国的实践中并不存在一个纯粹的模型(见:陈小悦,陈立齐.政府预算与会计改革——中国与西方国家模式[C].北京:中信出版社,2002:331)。因此,本书对代表这两种政府会计模式的部分国家关于政府会计改革的正式制度情况进行描述。

② 该委员会是由美国财政部、管理和预算办公室以及会计总署于1990年签订联合协议成立的,并从1991年初开始运作,目的在于制定发布联邦政府部门需要遵守的会计原则和准则。

表 5-1　美国联邦会计准则咨询委员会准则公告

序号	发布日期	准则公告名称
1	1993 年 3 月	特定资产和负债的会计处理
2	1993 年 8 月	直接贷款和贷款担保的会计处理
3	1993 年 10 月	存货与相关财产的会计处理
4	1995 年 7 月	管理成本会计概念和准则
5	1995 年 12 月	联邦政府负债的会计处理
6	1995 年 11 月	财产、厂房和设备(固定资产)的会计处理
7	1996 年 5 月	收益和其他财务资金的会计处理
8	1996 年 6 月	经营管理责任的补充报告
9	1997 年 10 月	四号公告实施日的延期
10	1998 年 10 月	内部使用软件的会计处理
11	1998 年 12 月	财产、厂房和设备等固定资产会计处理方法的修订——定义(修正 6 号和 8 号公告)
12	1999 年 2 月	诉讼引起的或有负债的确认(修正 5 号公告)
13	1999 年 2 月	65.2 段相关交易重要收益的递延(修正 7 号公告)
14	1999 年 4 月	对递延维护费用报告的修订(修正 6 号和 8 号公告)
15	1999 年 4 月	管理层讨论与分析
16	1999 年 7 月	对固定资产——多用途遗产会计处理的修订(修正 6 号和 8 号公告)
17	1999 年 8 月	社会保险的会计处理
18	2000 年 5 月	对直接和担保贷款的会计准则的修订(修正 2 号公告)
19	2001 年 3 月	对直接和担保贷款的会计准则的技术修订(修正 2 号公告)
20	2001 年 9 月	免除国内税收总署、海关和其他部门有关税收收入事项的披露
21	2001 年 10 月	国内税收总署、海关和其他部门会计处理错误和变更的报告修正
22	2001 年 10 月	协调债务和净运营成本的特定要求的变更
23	2003 年 5 月	去除国防财产、厂房、设备等固定资产的分类类别
24	2003 年 1 月	用于美国政府合并报告的特定准则

续表

序号	发布日期	准则公告名称
25	2003 年 7 月	经营管理责任的重新分类和取消目前的服务评估
26	2004 年 11 月	社会保险报告的重要假定陈述(修正 25 号公告)
27	2004 年 12 月	指定用途资金的确认和报告
28	2005 年 1 月	社会保险报告重新分类的生效日递延(修正 25 号和 26 号公告)
29	2005 年 7 月	遗产资产和经管土地
30	2005 年 8 月	实体间成本实施(修正 4 号公告)

资料来源:石英华.政府财务信息披露研究[M].北京:中国财政经济出版社,2006:99-100.

表 5-2　美国联邦会计准则咨询委员会概念公告

序号	发布日期	概念公告名称
1	1993 年 9 月	联邦财务报告的目标
2	1995 年 6 月	实体和列示
3	1999 年 4 月	管理层讨论和分析
4	2003 年 1 月	美国政府合并财务报告的目标读者和质量特征

资料来源:石英华.政府财务信息披露研究[M].北京:中国财政经济出版社,2006:101.

在美国,财政部、管理和预算办公室(OMB)、会计总署(GAO)以及FASAB都会做出对联邦政府机构会计产生直接影响的指示、要求和建议。图 5-1 列示了这些组织在联邦政府会计方面所负有的主要责任。

2.州和地方政府

对美国州和地方政府来讲,政府会计准则委员会(GASB)发布的会计准则(见表 5-3)和概念公告(见表 5-4)是影响其会计改革的主要制度规范。其中,最重要的当属会计准则公告第 11 号和第 34 号。前者认为,政务基金的计量焦点在于某时期取得的财务资源①在多大程度上足够弥补该时期发生的相对于财务资源的要求权。因此,政务基金应当运用权责发生制会计,在交易或

① 财务资源包括现金、现金等价物(如其他主体的债券、应收账款、应收税金)、商品或服务等价物(如预付项目)、消费性商品(如存货)以及从过去交易或事项中取得或者控制的其他主体的权益证券。

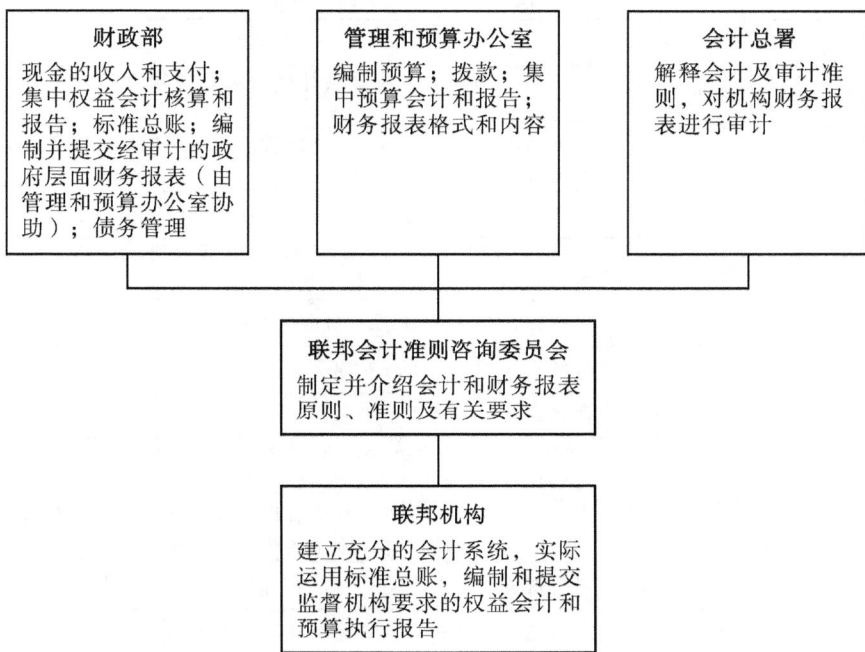

图 5-1　联邦政府会计的参与者及其责任

资料来源:Freeman,R.J.and C.D.Shoulders.政府及非营利组织会计——理论与实践[M].7 版.赵建勇,等译.上海:上海财经大学出版社,2004:627.

事项发生时确认其对财务资源的影响,而不是在收到或支付现金时。后者的最基本特征是允许政府保留短期预算导向的基金会计,同时要求州和地方政府的年度财务报表全部转向权责发生制,以全面反映政府的资产、负债以及提供公共服务的成本。该准则公告体现出了 GASB 的最新改革成果,因为它改写了州和地方政府原有的"金字塔形"财务报告模式,最终确立了新的双重财务报告模式。GASB 的主席汤姆·艾伦(Tom L. Allen)先生称它是政府会计史上最重大的变化,代表了州和地方政府向社会公众呈报财务信息方式的巨变。

表 5-3　美国政府会计准则委员会准则公告

序号	发布日期	准则公告名称
1	1984 年 7 月	NCGA 声明和美国注册会计师协会行业审计指南的法律地位
2	1986 年 1 月	根据国内收入法案第 457 条款规定所采用的递延酬劳计划的财务报告
3	1986 年 4 月	金融机构储蓄、投资(包括回购协议)和逆回购协议
4	1986 年 9 月	《美国会计准则委员会第 87 号报告:雇员养老金的会计处理》对州和地方政府工作人员的适用性
5	1986 年 11 月	公务员退休制度和州及地方政府工作人员养老金信息的披露
6	1987 年 1 月	特殊收入的会计处理和财务报告
7	1987 年 3 月	债务终止引起的提前退款
8	1988 年 1 月	《美国会计准则委员会第 93 号报告:非营利组织折旧的确认》对某些州及地方政府实体的适用性
9	1989 年 9 月	业主基金和非消耗性信托资金以及使用业主资金会计处理方法的其他政府实体的现金流量报告
10	1989 年 11 月	风险融资和相关保险问题的会计处理和财务报告
11	1990 年 5 月	政府基金运营报表的计量重点和会计基础
12	1990 年 5 月	州及地方政府工作人员退休后福利(除养老金收益)的信息披露
13	1990 年 5 月	租金逐期增加的经营租赁的会计处理
14	1991 年 6 月	财务报告实体
15	1991 年 10 月	公立高校的会计处理和财务报告模式
16	1992 年 11 月	带薪休假的会计处理
17	1993 年 6 月	政府基金运营报表的计量重点和基础:对《政府会计准则委员会第 11 号报告》和相关报告——《对政府会计准则委员会第 10、11、13 号报告的修订》的生效日的修订
18	1993 年 8 月	市政固体废物处理厂关闭和后续成本的会计处理
19	1993 年 9 月	公立高校综合报告——对政府会计准则委员会第 10 号和第 15 号报告的修订
20	1993 年 9 月	业主基金和使用业主基金会计处理方法的其他政府实体的会计处理和财务报告
21	1993 年 10 月	无人继承收缴国库资产的会计处理
22	1993 年 12 月	政府基金中租税收入的会计处理

续表

序号	发布日期	准则公告名称
23	1993 年 12 月	业主活动所报告的债务偿还的会计处理和财务报告
24	1994 年 6 月	某些补助金和其他财务资助的会计处理和财务报告
25	1994 年 11 月	既定收益养老金计划的财务报告和既定供款养老金计划的附注披露
26	1994 年 11 月	既定收益养老金计划制订的退休后医疗保健计划的财务报告
27	1994 年 11 月	州及地方政府雇员养老金的会计处理
28	1995 年 5 月	证券融资交易的会计处理和财务报告
29	1995 年 8 月	政府实体对非营利组织会计处理方法和财务报告原则的使用
30	1996 年 2 月	风险融资综合处理——对政府会计准则委员会第 10 号报告的修订
31	1997 年 3 月	对某些投资和外部投资集合的会计处理和财务报告
32	1997 年 10 月	国内收入法案第 457 部分递延酬劳计划的会计处理和财务报告——对政府会计准则委员会第 2 号报告的废止和第 31 号报告的修订
33	1998 年 12 月	非交换交易的会计处理和财务报告
34	1999 年 6 月	州及地方政府基本财务报告和管理层讨论与分析
35	1999 年 11 月	公立高校基本财务报告和管理层讨论与分析——对政府会计准则委员会第 34 号报告的修订
36	2000 年 4 月	收受方对某些共享非交换收益的报告——对政府会计准则委员会第 33 号报告的修订
37	2001 年 6 月	州及地方政府基本财务报告和管理层讨论与分析——对政府会计准则委员会第 21 号、34 号报告的修订的综合
38	2001 年 6 月	特定财务报表附注披露
39	2002 年 5 月	确定某些组织是否是组成单位——对政府会计准则委员会第 14 号报告的修订
40	2003 年 3 月	储蓄和投资风险披露——对政府会计准则委员会第 3 号报告的修订
41	2003 年 5 月	预算比较时间表的观点差异——对政府会计准则委员会第 34 号报告的修订
42	2003 年 11 月	资本资产减值和保险恢复的会计处理和财务报告
43	2004 年 4 月	退休后福利计划(除养老金计划)的财务报告

资料来源:财政部会计准则委员会.政府绩效评价与政府会计[R].大连:大连出版社,
2005:215-216.

表 5-4　美国政府会计准则委员会概念公告

序号	发布日期	概念公告名称
1	1987 年 5 月	财务报告的目标
2	1994 年 4 月	服务努力与成就报告

资料来源:财政部会计准则委员会.政府绩效评价与政府会计[R].大连:大连出版社,2005:214.

（二）新西兰的情况①

新西兰政府会计改革是在一系列正式制度的推动下进行的,因而其模式被称为一种"立法推动模式"。从发展历程看,影响新西兰政府会计改革实践的正式制度主要包括:

（1）1986 年的《国有企业法案》。它明确了国有企业运作的主要治理原则及受托责任要求,赋予管理者充分的自主权以及更大的资源管理和运作责任。该法案的颁布实施标志着新西兰权责发生制公共部门会计改革的开始,并且率先在国有企业中开始引入权责发生制概念。（2）1989 年的《公共财政法案》。它规定将企业会计的方法引入核心政府中,各部门都应当按照 GAAP 的要求,提供经过查核的财务报表（包括财务状况表、现金流量表、财务业绩表、承诺及或有负债表）,而且中央政府也要依据 GAAP,以权责发生制为基础编制合并财务报表。该法案初步奠定了新西兰政府会计的基本框架,由此形成了中央部门会计改革的基石,使核心政府部门转向了权责发生制基础。（3）1993 年的《财务报告法案》（Financial Reporting Act）。它确立了新西兰法定的会计准则制定程序,明确了政府会计应当遵循企业的一般公认会计原则,而且进一步确定了"权责发生制"在政府会计方面的法律地位。该法案有力推动了权责发生制政府会计改革的进程。（4）1994 年的《财政责任法案》。它规定政府和财政部有责任提供全面整体的财务信息,用于评价政府提出的每一项财政政策,而且政府还要按照 GAAP 编制财务状况的预测报告,具体包括披露费用、收入、盈余（赤字）、债务和净值等信息。（5）由新西兰会计准则咨询委员会（ASRB）独立审批通过的准则。可见,新西兰建立了以公共法案和 GAAP②

----

①　本书选取描述新西兰是因为它是世界上第一个推行政府会计改革的国家。

②　在新西兰,GAAP 是治理公共和私人部门财务报表要素（包括资产、负债、收入和费用）确认、计量和报告活动的独立客观的一系列规则。根据《财务报告法案》的规定,它们通常包括由 ASRB 独立审批通过的准则,以及当不存在已审批准则时对会计主体适用且获得会计职业界权威支持的政策。

为核心的政府会计制度。这迫使一些顽抗部门在会计核算、业绩说明和财务管理中做出变革，同时也可以确保会计改革的连续性。

（三）澳大利亚的情况

澳大利亚启动和推进政府会计改革的过程也伴随诸多正式制度的出现。从性质上看，这些制度可以具体划分为三个层次：(1)法律层面，主要由财务管理法和财务管理规章构成。其中，1997年的《财务管理和受托责任法案》成为澳大利亚政府会计改革的重要推动力量。它引入了一套以绩效评价为重心的政府管理系统，而且明确要求政府预算和会计应当采用权责发生制基础。(2)会计准则和公告层面，主要由澳大利亚会计准则①和概念公告（见表5-5）、各层次政府部门制定的行政指令以及紧急问题小组（UIG）意见等构成。(3)会计实务层面，主要包括财政部门、澳大利亚会计准则委员会（AASB）、审计机构以及会计职业团体的规定或建议。

表 5-5　澳大利亚会计准则概念公告

序号	发布日期	概念公告名称	备注
1	1990 年 8 月	报告主体的界定	
2	1990 年 8 月	通用目的财务报告的目标	
3	1990 年 8 月	财务信息的定性特征	已废止
4	1995 年 3 月	财务报表要素的定义与确认	已废止
5	2004 年 7 月	财务报表的编制和呈报框架	

（四）法国的情况

受研究资料的限制，这里仅简要描述影响法国中央政府会计改革的一系列制度。从实际情况看，这些制度主要包括：(1)1998年的大型研究报告（13卷）《值得质疑的中央政府财务系统：16项规划待启动》，提出为实现新的公共部门管理，中央政府应当建立一个有效的成本会计系统和走向完全的权责发生制财务会计模式。这份报告成为法国中央政府会计改革的转折点。(2)

---

①　1999年以前，澳大利亚会计研究基金会（AARF）管辖着澳大利亚会计准则委员会（AASB）和公共部门会计准则委员会（PSASB）两个机构。其中，前者主要负责制定有关公司通用目的财务报告的会计准则，后者的主要职责是制定发布公共部门会计准则。但在2001年1月1日，根据《公司法经济改革方案条例(1999)》的要求，澳大利亚对会计准则制定机构进行了重新改组，PSASB被正式并入先前的AASB，并接受财务报告委员会（FRC）的监管，负责制定公私部门通用的会计准则。

1999 年的研究报告《公共支出与国会控制的效率》,指出中央政府必须改变原有的预算编制方法,纳入多年度的项目和目标,采用新的会计系统来核算每个项目的结果,而且改革必须在政治体制上层(国会)引进。(3)2000 年的研究报告《改革法国财政,期待中央预算改革》,要求中央政府预算首先要建立在多年度的项目和预算基础上,其次还要建立一个真实的财务和管理会计系统。(4)2001 年的《财政法解释条例》,主要目的在于提高中央政府的透明度和绩效水平,引进和采用权责发生制会计是其整个体系的一个组成部分。按照要求,不仅中央政府整体层面,而且各部委和各司局都将充分、全面地实施权责发生制基础。而且,中央政府应当建立起三套会计系统,即:①预算会计系统,用于对预算活动的现金收支流动情况进行核算,收入在收到现金时核算,费用在付出现金时核算,而且都可以在下一年度的追加期内记录(最长的期限为20 天)。事实上,它与当前正在使用的预算会计系统相似。②财务会计系统,用于对除中央政府特有的业务活动外的其他活动进行核算,以权利和义务的确认作为基础,但不完全采用权责发生制,当然也不是收付实现制。③成本会计系统,用于对每个项目进行成本核算和分析,以加强成本控制和绩效评价。该法案改变了先前法令的许多规定,对中央政府会计实务产生直接深远的影响,因而被认为对中央政府会计改革具有宪法意义。(5)由法国财政部负责制定发布的会计规范。为了实施《财政法解释条例》,法国财政部成立了中央政府会计准则委员会。该委员会在其 2002 年举行的第一次会议上把 15 个准则项目纳入了议程,而且截至 2003 年 3 月中旬发出了三份征求意见稿,即《会计概念框架》《财务报表的构成和格式》《有形固定资产》。但是,该机构的作用十分有限,其职责主要在于研究和撰写相关准则,但是否采用这些准则还要由财政部决定。

二、有关国际组织

在全球范围内,尽管可能存在主权和管辖权限制,但 IFAC 以及 IMF 等机构在推进各国政府会计改革过程中扮演着十分重要的角色,其制定发布的相关正式制度也具有重大的影响作用,值得加以考察分析。

(一)IFAC 的情况

IPSASB 是 IFAC 的一个常设技术委员会,具体负责制定一系列规范性的公共部门会计制度,并将其推广到各国政府机构、区域政府机构、地方政府机构及相应的政府主体。

1.国际公共部门会计准则

IPSASs 是由 IPSASB 制定且代表 IFAC 发布的适用于公共部门会计的

制度,具体包括:(1)权责发生制 IPSASs。在制定过程中,该理事会依据公共
部门的具体特点,基本上采纳了 IASB 已发布的改进前的国际会计准则
(IASs),尽可能保留 IASs 的会计处理方法和原有内容,除非存在一个重大问
题并有证据表明该问题与 IASs 相背离。同时,IPSASB 也参考和使用了其他
一些机构已发布的公告,如各国的权威监管机构、会计职业团体等,但这些机
构对 IPSASs 的影响并不是非常明显。(2)收付实现制 IPSASs《收付实现制
会计基础下的财务报告》。该准则由 PSC 于 2003 年 1 月发布,IPSASB 在
2006 年进行了更新修订。它是以收付实现制为基础的一个有关财务报告的
综合性制度,规定了编制和呈报现金收支表的具体要求以及相关的会计政策
附注披露要求,同时也鼓励披露一些能够增强报告作用的信息。

　　从实践情况看,IPSASs 已经受到较为广泛的认可,在世界许多发达国家
和发展中国家得以应用。表 5-6 列示了已采用或准备采用收付实现制或权责
发生制 IPSASs 的一些国家。[①] 而且,美国、英国、新西兰、澳大利亚和加拿大
这些国家的公共部门会计准则总体上也与 IPSASs 相似或相一致。

表 5-6　已采用或准备采用 IPSASs 国家

国家		IPSASs	
		收付实现制	权责发生制
国家	已采用	塞浦路斯、东帝汶、加纳、马来西亚联邦政府、斯里兰卡、赞比亚	阿塞拜疆、开曼群岛、以色列、挪威、菲律宾、罗马尼亚、俄罗斯、南非、西班牙
	准备采用	阿富汗、亚美尼亚、斐济、甘比亚、马其顿王国、尼泊尔、尼日利亚、巴基斯坦	阿尔巴尼亚、阿根廷、孟加拉国、巴巴多斯、法国、牙买加、蒙古、乌克兰

资料来源:IFAC,IPSASB,IPSAS Adoption by Government[EB/OL].http://www.if-ac.org/PublicSector/.本书依据该网站上的相关信息整理出此表格。

2.专题研究报告

　　除了 IPSASs 之外,IPSASB 还制定发布了一系列相关专题研究报告(见
表 5-7),涉及公共部门会计诸多关键性的基础议题,包括财务报告的目标、会

---

　　① 除此以外,阿尔及利亚、孟加拉国、柬埔寨、中国、东南非国家、萨尔瓦多、匈牙利、
印度、印度尼西亚、哈萨克斯坦、老挝、拉脱维亚、立陶宛、黎巴嫩、马尔代夫、摩洛哥、秘鲁、
斯洛伐克、瑞士联邦政府、乌干达、乌拉圭、越南都已采用或准备采用 IPSASs。但是,由于
未指明具体采用哪种会计基础的 IPSASs,所以这些国家没有在表 5-6 中列出。

计核算基础、报告主体、财务报表要素、要素的定义和确认等。就其本质而言，这些研究报告一般是描述性的，旨在对当前的国际公共部门会计实务进行比较，以及总结这些议题的概念性问题。它们不仅构建了 IPSASs 体系的基本框架，为具体的准则制定工作打下了坚实的理论基础，而且为世界各国推进政府会计改革提供了理论指导。

表 5-7　国际公共部门会计准则理事会专题研究报告

序号	发布日期	研究报告名称
1	1991 年 3 月	国家政府的财务报告
2	1993 年 7 月	国家政府财务报告的要素
3	1994 年 10 月	公共部门中的合规性审计
4	1994 年 10 月	利用其他审计师的工作——一个公共部门的视角
5	1995 年 8 月	资产的定义和确认
6	1995 年 8 月	负债会计与报告
7	1996 年 1 月	政府企业的绩效报告
8	1996 年 7 月	政府财务报告的主体
9	1996 年 12 月	收入的定义和确认
10	1996 年 12 月	费用/支出的定义和确认
11	2000 年 5 月	政府财务报告：会计问题与实务
12	2000 年 11 月	政府成本会计的前景
13	2001 年 8 月	公共部门的治理
14	2003 年 12 月	从收付实现制到权责发生制的过渡指南（第二版）

资料来源：财政部会计司.政府会计研究报告[M].大连：东北财经大学出版社，2005：14.

（二）IMF 的情况

作为维护全球财政货币政策稳定的国际组织，IMF 一直致力于推动世界各国建立良好的财政管理体制。其中，该组织制定发布的有关以下两个议题的文件为人们所普遍关注。

1.政府财政统计

IMF 于 1996 年发布了《政府财政统计手册》，并在 2001 年对该文件进行了重新修订。概括地讲，该《手册》的核心要求包括：（1）采用权责发生制基础统计记录其广义政府部门(非市场性非营利机构和政府单位,有时还要扩大到政府控制的实体——公共企业)的一切非金融资产交易、金融资产和负债交易以及其他经济流量;(2)对所有的存量和流量项目都采用当期市场价值进行计量;(3)呈报资产负债表、政府运营表、其他经济流量表和现金流量表,而且还要建立一个权责发生制基础的分析框架,以特定的形式把这四种财务报表有机地统一起来,以反映政府的财政状况。尽管政府财政统计的关注焦点在于宏观层面的经济数据,但这些数据的产生和获取肯定离不开微观层面的政府会计的支持。所以,应用该《手册》必然要求相应的政府会计能够提供所要求的信息。这将促使世界各国在会计主体、会计核算基础、会计要素以及报表内容和格式等方面逐步推进和深化政府会计改革。除此以外,IMF、IFAC及其下设的IPSASB、OECD、欧盟委员会(EU)等国际和区域组织正在积极协调,以提高政府财政统计体系、国民账户体系与IPSASs之间的一致性程度,实现宏观财政统计与微观政府会计的有机统一。

2.财政透明度

IMF认为,提高财政透明度是改善各国财政管理的一个关键方面。[①] 为此,该组织于1998年先后发布了《财政透明度良好做法守则——原则宣言》及其解释性文件《财政透明度手册》,并在2001年进行了重新修订,确立了财政透明度的基本原则及其主要内容。它们不仅要求各国政府应当在清楚界定政府范围的基础上公布其结构、职能、内部责任以及与其他经济部门的关系,而且还要以财政报告和预算报告的形式向公众全面、及时地提供包括预算、资产、负债以及各级政府的合并财务状况等方面的财政信息,适当公开其预算编制和执行过程,并通过内部控制、独立(国家)审计等确保公开信息(数据)的真实性。为了达到财政透明度的要求,各国需要建立起一种以权责发生制为基础的、能够充分反映政府财务状况、运营绩效、现金流量以及预算情况的新型政府会计模式。尽管这两份文件对其成员国没有强制约束力,但由于它们对各国财政透明度建设具有极强的指导作用,因而也势必对各国的政府会计改革产生较大影响。

三、我国的实践情况

这里主要介绍我国预算会计制度情况。从实践来看,这些制度直接推动了我国1997年预算会计改革的进行,可以被视为关于政府(预算)会计改革的

---

① 其他两个主要方面分别是增进政府活动的效率和建立合理的公共财政体制。

正式制度。

（一）我国预算会计制度：基本构成

这里的预算会计制度是指财政部 1997 年以来制定发布的《财政总预算会计制度》《行政单位会计制度》《事业单位会计准则（试行）》《事业单位会计制度》，以及财政部与其他部委联合制定发布的一些分行业会计制度，如高等学校会计制度、科学事业单位会计制度、医院会计制度等。这些制度侧重于对一级政府、行政单位或事业单位预算执行过程中的交易或事项的会计处理方法做出分门别类的具体规定。所以，它们不是严格意义上的关于政府会计改革的正式制度，而只是关于预算（执行）会计改革的正式制度。

我国预算会计制度是依据《中华人民共和国会计法》和《中华人民共和国预算法》制定的。所以，我国预算会计规范体系广义上由会计法律和预算会计制度构成（见图 5-2）。其中，预算会计制度在推进我国 1997 年预算会计改革、规范预算会计核算方面产生了直接影响。这种做法也是中华人民共和国成立以来我国预算会计核算实行制度管理模式的延续，即由财政部直接制定相关会计制度，由一级政府、行政单位或事业单位遵照执行。尽管我国预算会计制度尝试对事业单位会计核算实行准则管理模式，颁布了针对事业单位的会计准则，但基本上没有改变上述状况。在实践工作中，我国仍然以预算会计制度为主发挥作用。

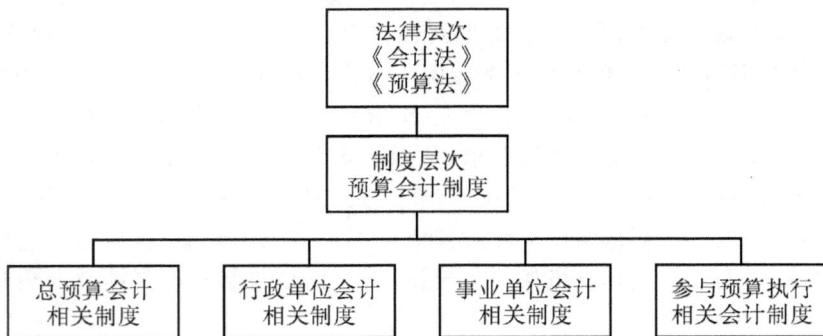

图 5-2 我国现行预算会计规范体系

资料来源：张雪芬.政府会计发展与对策[M].北京：中国时代经济出版社,2006:257.

（二）我国预算会计制度：主要原则

除了对会计处理方法做出具体规定外，我国预算会计制度还提出了涉及预算（执行）会计的一系列原则，回答了信息使用者、预算会计目标、预算会计主体、信息质量特征等基本问题。

1.预算会计信息使用者

我国预算会计制度把各级领导机关、上级财政机关以及单位领导确定为主要使用者,以满足他们进行宏观经济管理、适应预算管理、了解单位财务状况及收支结果和加强内部财务管理的需要。可见,这些制度旨在满足政府内部使用者的信息需求。但即使是政府内部的信息使用者,预算会计制度规定的范围也过于狭窄,因为立法机关和审计机构等类别的使用者都没有被明确界定在内。虽然《行政单位会计制度》和《事业单位会计准则(试行)》还提及了"有关方面"的外部使用者,但规定也较为笼统、模糊。

2.预算会计目标

我国预算会计制度没有针对预算会计目标的专门表述,只是在一般原则中说到要满足一部分内部使用者进行宏观管理、适应预算管理以及便于内部财务管理等方面的信息需求。从性质上看,我国预算会计目标主要在于提供预算执行信息,为内部相关机构和工作人员做出预算资源配置决策提供服务,体现出了一种较为典型的"决策有用观"思维。

3.预算会计主体

我国当前的预算会计体系主要由依托组织类别设定的三大会计分支构成,它们分别遵循不同的预算会计制度,而且各自编制一套自成体系的会计报表,以分别反映有关一级政府、特定行政单位和事业单位的预算收支执行情况。这说明,我国预算会计制度事实上将接受预算管理的一级政府、行政单位和事业单位都确立为会计主体。

4.预算会计基础

我国预算会计制度规定,除了事业单位的经营性收支业务可采用权责发生制核算外,其他所有业务活动的核算都应当采用收付实现制基础,即只确认实际收入和支出现金时的交易或事项。这种做法有助于预算会计反映出一级政府、行政单位和事业单位的年度预算收支执行情况及其结果。

5.预算会计信息质量特征

我国预算会计制度要求,预算会计信息应当具备一定的质量特征,它们主要包括真实性、相关性、可比性、一致性、及时性、明晰性和重要性。其中,可理解性是附着于明晰性提出的。

6.预算会计要素

我国预算会计制度将会计要素划分为资产、负债、净资产、收入和支出五个,并采用"资产-负债=净资产"的会计平衡方程式。而且,由于采用了收付实现制会计确认基础,所以预算会计要素的定义和内容可能就不同于权责发生制下的政府会计要素。例如,我国预算会计收入是指国家或单位依法取得的非偿还性的当期可支用资金,支出是指一级政府或单位按照批准的预算所发生的资金耗费或损失。但在权责发生制基础下,政府会计要素中的收入是指会计期间经济利益的增加,并且以"费用"取代了"支出"概念,以核算提供公共物品所消耗或使用的经济资源价值。

7.预算会计报表

我国预算会计制度重新设计了预算会计报表体系,规定应当由资产负债表、收入支出表及必要的附表、会计报表说明书等构成。但事实上,这些制度只是确立了一种以预算会计报表为核心、反映预算收支执行情况的会计报告体系,而并非真正意义上的全面、完整的政府会计报告。

四、关于政府会计改革的正式制度:基本特征

对国内外情况的描述有助于初步认识影响各国政府会计改革的正式制度。为进一步加深理解,这里将依据新制度经济学理论,对关于政府会计改革的正式制度所共有的性质及其相互关系进行分析。

（一）具体定义

新制度经济学认为,正式制度是制度的一个特定类别,它们是指人们或组织有意识制定的一系列政策法规。所以,正式制度是人为设计的产物。它们可以被理解为一种标准化契约,因为其提供了一个订立私人契约的范本以及衡量契约的标尺。而且,正式制度并不是针对某一个体或组织制定的,任何个体或组织都可以消费它,且不会对其他个体或组织产生影响,因而具有"公共物品"性质。正式制度的存在使个体或组织的行为符合某些社会预期,或者作为不同主体之间缔结契约的标杆。在这些方法中,关于政府会计改革的正式制度与社会中其他类型的正式制度没有什么本质区别。它们是人们或组织在原有政府会计正式制度基础上进行修订、变革或创新活动形成的,同样也是人为设计的产物。它们通常确立一个标准化的政府会计契约,用于约束其管辖权范围内所有提供公共物品的政府机构,从而使其政府会计改革沿着某些社会预期的方向发展。

（二）制定主体

就正式制度的人为设计属性来说,它显然离不开其制定主体的准许。也就是说,正式制度的修订、变革和创新,是其制定主体有意识努力的结果。依据新制度经济学中有关制度供给者的基本观点,这些制定主体多种多样,可以

是国家(议会),可以是政府机构,也可以是紧密或松散的团体组织,还可以是个人。但是,它们的地位和作用并不完全相同,其所制定的正式制度也具有不同的形式和约束力。事实上,国家(议会)或者政府机构扮演着最为重要的角色。关于政府会计改革的正式制度显然也离不开其制定主体。从实践情况看,这些主体可以划分为四大类,即:(1)国家,一般由议会作为代表,制定发布有关启动和推进政府会计改革的法律法案。例如,美国联邦政府、新西兰、澳大利亚和法国的相关法案都是由本国议会制定发布的,而我国《会计法》和《预算法》也是由全国人民代表大会常务委员会制定发布的。(2)政府,通常由其具体的行政职能机构作为代表制定发布相关的行政法令。例如,美国联邦政府财政部、OMB、GAO、法国财政部以及我国财政部等,这些机构都有制定政府会计规范的权力和责任。(3)团体组织,主要包括各国制定政府会计规范的民间机构以及一些国际组织。例如,GASB、ASRB、AASB都是制定政府或公共部门会计准则的民间机构,但它们也受到了权威机构的支持。国际组织则涉及IFAC、IMF等。(4)个人。例如,法国的那些研究报告都是由国会议员或政府官员主持完成的,尽管它们没有强制力,但对法国政府会计改革也产生了重要影响。这些制定主体的法律地位和作用不同,这决定了所制定的关于政府会计改革的正式制度采用了不同的形式。

(三)层级结构

在新制度经济学中,正式制度不仅指由不同主体所制定的一系列规则,而且还关注这些规则之间相互联系的状态。诺斯(1994)指出,正式制度是一种层级结构,从宪法到成文法与普通法,再到明确的细则,最后到个别契约,它们共同约束着人们的行为。[①] 柯武刚和史漫飞(2000)则认为,正式制度的层级结构本质上由三个不同层次的规则构成,即最高层次的宪法、中层的成文法以及底层的政府条例。[②] 可见,正式制度具有一个层级结构。处于这个层级结构高层的规则统率制约着所有处于较低层次的其他规则,所有低层次的规则都从属于更高层次的规则。而且,沿着正式制度的层级结构下行,制定主体的层次也会相应下降,但对应规则的详细程度通常会提高。

从美国、新西兰、澳大利亚和法国以及IFAC、IMF的实践情况看,关于

---

① D.C.诺斯.制度、制度变迁与经济绩效[M].刘守英,译.上海:上海三联书店,1994:64.

② 柯武刚,史漫飞.制度经济学:社会秩序与公共政策[M].韩朝华,译.北京:商务印书馆,2004:166.

政府会计改革的正式制度采用了十分广泛的形式,涉及从强制实施的法律法案到自愿执行的政策建议。[①] 而且,这些制度形式之间相互联系,形成了一个层次分明的层级结构。表 5-8 列示了各种制度形式在层级结构中所处的位置及其对应的制定主体和强制力特征。通常来讲,在其自上而下的层级结构中,这些关于政府会计改革的正式制度的详细程度逐步提高:法律法案一般只提出了极为宽泛的要求,而其他制度形式则会包含更为具体的技术细则。

表 5-8　关于政府会计改革的正式制度层次

强制力特征	制度形式	制定主体	具体实例
强制实施	法律法案	议会	例如《首席财务官法案》(美)、《财务报告法案》(新)、《财务管理与受托责任法案》(澳)、《财政法解释条例》(法)等都是由各国议会制定的;我国《会计法》和《预算法》都是由全国人大常委会制定的
	行政法规	部门,需由议会授权	如美国财政部、OMB 和 GAO 制定,由议会授权的法规
	行政规章、指令	部门	美国财政部、OMB 和 GAO 所制定文件;澳大利亚各级政府部门制定的行政指令;法国财政部制定发布的会计规范;我国财政部制定发布的预算会计制度
自愿执行	会计准则、建议、指导、概念框架、研究报告[*]	政府内部机构、民间机构、国际组织以及个人	政府内部机构如 FASAB 和法国中央政府会计准则委员会;民间机构如 GASB、ASRB 和 AASB;国际组织如 IFAC 和 IMF;个人如法国国会议员和政府官员

[*] 这些自愿执行的制度形式内部也存在着一定的层级结构。

第二节　关于政府会计改革的非正式制度　▶▶

对提供公共物品的政府而言,除了相关的正式制度外,其会计改革还可能

[①]　我国的《会计法》《预算法》以及预算会计制度都属于强制实施而非自愿执行的法律法规、行政规章。

受到非正式制度(主要是意识形态)①的影响。尽管这种影响可能是间接的、非强制的,但作用也绝不可小觑。事实上,人们意识形态的变化也是西方发达国家进行政府会计改革的重要推动因素。因此,本书将探讨关于提供公共物品的政府机构的意识形态问题,并在此基础上阐明关于政府会计改革的意识形态所具有的主要特征。②

一、关于政府机构的意识形态:变化动因

意识形态通常随人们经验的变化而变化。而且,在人们改变意识形态之前,其经验和意识之间的矛盾必须有一定程度的积累。所以,关于提供公共物品的政府机构的意识形态发生变化,在很大程度上是人们在官僚制政府实践方面的经验不断累积变化的结果。③

(一)曾受到普遍认可的官僚制

官僚制模型提出了政府应当如何组织才能高效率提供公共物品的问题。该模型所针对的不是政治过程,而是在立法机构确定目标之后所发生的事情。作为一种政府治理的组织形式,典型的官僚制可以描述为:(1)专业化的分工体系。将政府任务分解为各种简单并能够详细界定的工作单元,由专职人员按照分工原则分别负责具体操作。(2)等级(科层)制的权力结构。采用权力自上而下依次排列的金字塔式内部等级结构,下级政府机构及其成员必须处于上一级政府机构的监督和控制之下。(3)严密、正式的规章制度。政府机构的管理决策,包括成员之间权责的划分及其互动关系都应当以严格的规章制度和已经确定的先例为准绳。(4)非人格化的个体。政府成员与其他主体的

---

①　在新制度经济学中,意识形态居于非正式制度的核心地位。它由一系列内在相互联系的看法观点构成,通过为人们提供一种"世界观"而简化决策过程,同时也不可避免地与人们关于世界公平的伦理道德判断交织在一起,而且还会随着人们经验的变化而变化(见道格拉斯·C.诺思.经济史上的结构和变革[M].厉以平,译.北京:商务印书馆,2002:50)。所以,本书将主要探讨人们在政府会计改革方面的意识形态情况。

②　要完整、准确地了解关于政府会计改革的意识形态,首先必须了解在现代社会中人们如何看待提供公共物品的政府机构,即关于提供公共物品的政府的意识形态问题。这一主题涉及两个方面:其一是在现代社会中人们形成或改变意识形态的主要动因;其二是人们所持有意识形态的具体内容本身。这集中体现在人们所共享的一些基本看法上,而并非特指某个人的观点。

③　关于提供公共物品的政府的意识形态发生变化,其原因在于官僚制"神话"破灭了。

接触是按照他所扮演的职务角色进行的,并非以个人身份发生作用,私人感情被排除于公共事务的理性决策之外。(5)技术化的评聘机制。政府机构依据专业技术以及非个性标准来选拔其成员,并基于他们的资历、业绩或两者兼而有之进行升迁。(6)分明的公私界限。将由官僚自身所拥有的财产和由其负责管理的组织财产明确分离,而且公共活动领域和私人生活领域也要截然分开。

官僚制模型奉行"效率第一"的基本原则,体现出了"理性化"的基本特征。[①] 不容否认,它适应了工业社会条件下行政日益复杂的状况,带来了以往其他管理模式所无法媲美的效率。因此,官僚制在 20 世纪得到了充分的发展,成为现代社会政府治理的经典性和普适性组织形式,而且在崇尚理性化的时代受到了人们的普遍欢迎和认可。在人们看来,官僚制在精确性、稳定性、可靠性等方面具有相对优势,与政府提供公共物品达到最高程度绩效之间存在着必然的因果关系,因而成为政府治理的最优组织形式。从这个意义上理解,官僚制可以被视作一种意识形态,是人们所共享的关于政府应当如何组织的看法。这种意识形态与人们在工业化大生产条件下的组织经验息息相关,而且为人们评判提供公共物品的政府机构是否有效创设了简化的决策工具。

(二)官僚制"神话"的破灭

作为工业社会的产物,官僚制曾经发挥过重要作用。但随着后工业社会的来临以及信息技术和全球化进程的加速发展,官僚制的实践使提供公共物品的政府机构暴露出诸多弊端。

1.由于强调规章制度、固定的操作程序以及投入控制,因此官僚制所产生的成效就相应地显得不那么重要了。在试图进行全方位控制的努力之中,"我们总是指挥别人该怎么做,总是力图去规范操作程序,控制投入,这些事情冲昏了我们的头脑,而产出和结果却遭到了忽略"(Osborne and Gaebler,1992)。[②] 也就是说,符合规则本身变成了应当追求的目标,而不再是达到组织绩效目标的手段,而最终的产出和成果则成为这一过程的副产品。这种目标置换将导致产生责任问题。

2.官僚制的结构具有很大的惯性,使之抵制创新,甚至抵制一些可以提高工作效率的创新。在组织初建之时,官僚制的结构可能反映了当时技术和行

---

① 包亚军.论现代官僚制的双重困境[J].北京行政学院学报,2005(1):20-23.

② Owen E.Hughes.公共管理导论[M].2 版.彭和平,等译.北京:中国人民大学出版社,2001:51.

政手段的最高水平。但一旦建立之后,其结构往往具有一种倾向——要把自己原封不动地保持一段时间,很少受到最新技术的影响,而且常常不注意那些可以改进其运作的新方法。① 可见,官僚制政府缺乏创新和改进能力,难以适应环境变化所产生的新情况。这种现象体现出官僚制的刚性或者说僵化的特征。

3.在官僚制条件下,信息是垄断的、不透明的,因而局外人很难了解政府官员进行决策的基础。正如布瓦索(2000)所言,垄断信息变成了根深蒂固的官僚制的价值。如果说市场制度反对内部交易和利用信息的不对称性,那么相比之下,官僚制则努力防止有价值信息的"泄露";市场制度要求信息分享,而官僚制则要求信息囤积。②

4.官僚制政府可能在社会边际效益小于社会边际成本③的范围内运作,这时其规模过大,并且提供高于社会最优数量的公共物品。④ 所以从根本上说,官僚制条件下的社会资源配置可能是无效率的。

5.除了过度供给外,官僚制政府还面临着 Leibenstein(1966)所谓的 X-无效率问题。也就是说,它不能以必需的最小成本提供公共物品。

在这种情况下,人们的经验变化与他们原本持有的意识形态发生了冲突,使他们普遍认识到官僚制并非政府治理的"理想类型",甚至已经成为僵化、低效率的代名词。因此,对官僚制的抨击以及改革政府的想法在对官僚制"神话"破灭的社区中产生了回响,受到了人们的广泛赞同。

二、关于政府机构的意识形态:主要内容

在现代民主社会,公共受托责任、新公共管理、财政透明度等一系列相互关联的观念得以发展,并且逐渐由困惑于官僚制的人们所共享,成了新的关于提供公共物品的政府机构的意识形态。

(一)公共受托责任

从意识形态角度理解,公共受托责任是指人们所普遍享有的对提供公共

① 彼得·布劳,马歇尔·梅耶.现代社会中的科层制[M].马戎,等译.上海:学林出版社,2001:35.
② 陈国富.官僚制的困境与政府治理模式的创新[J].经济社会体制比较(双月刊),2007(1):70-75.
③ 这时的社会边际净值为负。
④ William A.Niskanen.官僚制与公共经济学[M].王浦劬,等译.北京:中国青年出版社,2004.

物品的政府机构应当承担责任的形式和内容的看法。在抨击官僚制弊病的过程中,人们在政府公共受托责任方面的观点发生了深刻变化,对政府提出了新的和更高的责任要求。

在人们看来,除了遵守规章制度和预算外,政府还应当承担起其他更为广泛的公共受托责任。具体地说,政府必须履行其在行政、道德和政治方面的责任:(1)行政责任。它是指政府及其工作人员因公共权力地位和公职身份而对授权者、行政相对方和法律与行政法规所承担的法律义务,以及因违反行政法律法规和侵害相对方的合法权益所承担的法律责任。(2)道德责任。它是指政府及其工作人员的生活与行为必须符合人们所要求的道德标准与规范。政府工作人员必须谨守行政道德责任的原则:公务员执行公务须符合公众利益和国家利益,真正服务于公民和社会,应表现出最高标准的清廉、真诚、正直、刚毅等品质;公务员个人不能运用不正当的方式在执行职务时获取利益。(3)政治责任。它是指政府及其工作人员的行为必须符合、保护、促进人民的利益和福利,合乎为人民服务的宗旨。政府的决策(体现为政策与法规规章、行政命令等)必须符合人民的意志和利益。如果政府决策失误或行政行为有损国家与人民的利益,虽则不一定违法(甚至有时是依其自订之不合理的法规、规章办事的),不受法律追究,也要承担政治责任。①

财务受托责任是政府所承担的公共受托责任中最基本、最重要的一种责任,也是人们所持有的意识形态在政府会计领域的集中反映。它至少涉及以下三方面:(1)以最大努力遵照法律法规、资源提供者以及预算等施加的限制,履行组织的职责,杜绝一切损害人们利益和福利最大化的行为;(2)以最经济、最有效的方法管理和运用财务资源,从而最大限度地达到预定目的;(3)承担如实地报告财务受托责任的履行过程与结果的义务,从而解除自身的受托责任。以会计学术语表达,政府应当承担依从预算、各项财务资源按照其运用方面的限制使用、保全资本资产、有效运用财务资源和及时进行报告等方面的责任。而且,这些财务受托责任将在政府提供公共物品的过程中得以集中体现。

作为一种意识形态,公共受托责任对运行于公共物品领域中的所有政府机构形成了基本的、非强制性的责任要求,因而具有普遍适用性的非正式制度特征。这意味着,只有那些履行公共受托责任的政府才能够获得人们的广泛认同,保持其合理性与合法性的延续。

---

① 万俊人,等.现代公共管理伦理导论[M].北京:人民出版社,2005:62-64.

(二)新公共管理

新公共管理是一个多维度的十分宽泛的范畴,它既指一种试图取代传统公共行政学的管理理论,又指一种新的公共行政模式,还指在当代西方公共行政领域持续进行的改革运动。[①] 实际上,新公共管理还可以被理解为一种不同于官僚制的意识形态,它是由人们所共享的一系列关于政府应当如何履行公共受托责任以及政府如何组织才能高效提供公共物品的新观念。

作为一种意识形态,新公共管理具有双重性含义:其一,官僚制并非政府治理的最佳组织形式,因为它不一定使政府达到最有效率的状态。所以,除了官僚制以外,人们必须找到其他更为有效的管理模式。其二,政府应当采取多种多样的途径"超越"官僚制。针对这一问题,新公共管理倡导的基本理念涵盖了诸多方面的内容,例如:(1)广泛引入企业成功的(工商)管理理论、方法、技术及模式,例如成本—效益分析、全面质量管理、目标管理等;(2)引入竞争机制,打破公共物品供给的垄断性,在政府机构之间和内部创造一个竞争性的环境;(3)通过合同外包、竞争性招标等方式,更为灵活地寻找替代由政府直接提供公共物品的相应方式,实现成本节约的政策目标;(4)采用授权或分权的方式进行管理,从而能够对新情况和顾客需求的变化迅速做出反应;(5)重新定位政府职能,以服务于顾客(纳税人)或市场为中心,采取各种措施增强对社会公众需要的响应力;(6)以结果和产出为导向,以结果的正确性而不是程序和过程的正确性评估管理水平;(7)放松严格的行政规制,实现明确的绩效目标控制,并据以测量和评估政府和个人履行责任的情况;(8)通过要求提供有关结果和全面成本的报告来提高责任度和透明度。

作为一种意识形态,新公共管理主张对政府进行改革或者说再造,以公共管理取代已经过时的官僚制产物——公共行政,从而建立一种更加灵活的、以顾客或市场为导向的新型管理模式。它直接导源于人们对官僚制的实践困境进行的抨击与反思,并且为政府改革或再造奠定了思想基础。蔡立辉(2005)认为,公共管理中包含的管理技术、管理方法、项目的划分、绩效目标与指标体系的确定,都离不开意识的支配,或者说都是在一定的意识支配下起作用。[②] 所以,新公共管理改革在一定程度上正是对人们所持有意识形态的反映和实践。

[①] 常丽.论我国政府财务报告的改进[M].大连:东北财经大学出版社,2007:36.

[②] 蔡立辉.公共管理:理念、体系与方法[EB/OL].http://www.mpa.org.cn/displaynews1.asp? id＝273,2005.

(三)财政透明度

财政透明度是透明度问题在公共财政领域中的延伸,是一个与公司财务透明度相对应的概念。① 实际上,财政透明度同样可以从意识形态角度来理解,因为它代表了人们的一种普遍诉求,即提供公共物品的政府机构应当向社会公众及时、完整、准确地公开各种相关信息,以保障政府及其工作人员担负起责任,促进绩效目标的实现。因此,财政透明度成为政府治理的一个关键组成部分。

为了达到财政透明度目标,人们要求政府公开的信息范围是极其宽泛的。Kopits 和 Craig(1998)的研究有助于理解这一点。他们认为,财政透明度要求向公众最大限度地公开关于政府的结构和职能、财政政策意向、公共部门账户和财政预测的信息,并且这些信息是可靠的、详细的、及时的、容易理解并且可能进行比较的,便于选民和金融市场准确估计政府的财政地位和政府活动的真实成本和收益。而且,他们从制度透明度、会计透明度、指标与预测的透明度等三个方面对财政透明度的含义进行了详细说明。

1.制度透明度。对政府财政行为进行全面制度界定,包括公开政府的结构及功能,对公共部门和私人部门要有清晰的界定;公开预算过程,解释预算方案的财政目的和优先顺序,披露绩效评价和财务审计结果;税收方面,强调公民纳税要有明确的法律基础;公开政府管制的成本估计等。

2.会计透明度。向公众详细披露有关财务信息,包括各个政府部门的明细报表、部门之间的资金往来等。Kopits 和 Craig 认为,政府预算报告的财务账目范围应当包括中央政府和地方政府在内的一般政府基金和社会保障基金等预算外基金以及公共企业的准财政活动。他们列举了一些提高会计透明度方面的必要措施,主要是按照权责发生制记账(以弥补收付实现制只着眼于现金流的不足)、准确评价政府资产和债务(金融资产)、公开年度支出的各经济主体和用途的细目、公开年度收入细目等。

3.指标与预测的透明度。政府不仅要公布与财政平衡相关的若干指标以及政府总负债和净负债等与财政相关的指标,还应当公布对一些财政分析性指标的测算,包括结构性和循环性的财政平衡、财政的可持续性(稳定债务的基本水平)、未设偿债准备金的政府债务净值等。他们指出,要实现短、中、长期财政预测的透明,就应当尊重事实,明确区分基本情形(政策未发生变化的

---

① 王雍君.全球视野中的财政透明度——中国的差距与努力方向[M].国际经济评论,2003(7):34-39.

情况下)和政策发生变化时的情形。^①

作为一种意识形态,财政透明度对提供公共物品的政府机构获取和提升合理性、合法性具有重要影响。政府机构通过致力于公开信息、提高透明度,会使得自身的活动及其结果更易得到人们的认可,提高人们对它的信赖和赞誉程度,免受人们的诟病和质疑。

三、关于政府会计改革的意识形态

关于政府会计改革的意识形态是指人们在政府会计领域内共享的一系列观念。它的形成与发展离不开关于政府机构的意识形态变迁,因为人们通常以公共受托责任、新公共管理和财政透明度作为前提,考虑分析政府会计改革的相关问题,并认为政府会计改革应当有助于实现这些目标。从新制度经济学理论分析,关于政府会计改革的意识形态具有一些明显的特征。

(一)自发形成与发展

新制度经济学认为,意识形态提供了关于世界的一套信念。与正式制度的人为设计属性相反,它通常是在社会发展和历史演进过程中自发形成的,不受个人主观意志左右。也就是说,意识形态不是思想家、政治家进行理性设计和决策的产物。尽管只对经济个体或组织的行为施加非正式的、不成文的限制,但意识形态在制度结构中却占有十分重要的地位,因为它可以在形式上成为某种正式制度的"先验模式",甚至有可能取得优势地位或以指导思想的形式构成正式制度的理论基础和最高原则。所以,关于政府会计改革的意识形态代表了人们对于政府会计改革相关问题的普遍看法,其形成与发展同样也是自发的行为结果。^② 尽管这可能有失偏颇,但它也存在一些决定性的见识,对政府会计改革以及相关的正式制度具有重大影响。从这一角度理解,政府会计改革属于一种意识形态现象——提供公共物品的政府机构对特定意识形态做出反应的行为,不管这种行为是主动还是被动的。

(二)节约信息费用

新制度经济学认为,意识形态之所以存在,是因为世界是复杂的,而人是有限理性的。如果世界错综复杂而无法迅速、准确和低费用地做出理性判断,以及现实生活的复杂程度超出理性边界时,人们就倾向于借助意识形态来走

---

①　转引自:申亮.财政透明度研究述评[J].经济学动态,2005(12):86-90.

②　但不容否认,会计学者、准则制定机构以及有关国际和地区组织在传播政府会计知识、转变人们对政府会计改革的观念和看法方面发挥了重要作用。

"捷径"或抄近路。所以,意识形态可以被视作简化决策过程、节约信息费用的一种工具。事实上,关于政府会计改革的意识形态也可以发挥这种工具性作用。为此,它必须回答以下两个相互联系的关键问题:第一,为什么要进行政府会计改革?这是一个"破"的过程。它通常基于某种前提条件对传统的预算会计模式进行批判,指出其存在的种种不合理性或不正当性。其中,政府履行受托责任的绩效水平低下成为传统的预算会计模式的重大"罪责"。第二,如何进行政府会计改革?这是一个"立"的过程。它实质上要求政府会计模式应当借鉴或趋同于企业会计,从而在主体、要素、确认基础、计量、记录以及财务报告等方面有所突破和创新。而且,它还主张扩展政府会计信息披露范围,也就是说除了预算信息外,政府还应当提供有关其资产、负债、收入、费用以及公共资金使用效益等方面的信息。

(三)涉及道德评判

林毅夫(1989)认为,意识形态可以被定义为关于世界的一套观念,它们倾向于从道德上判定劳动分工、收入分配和社会现行制度结构。[①] 这表明,意识形态与对制度是否合乎义理的道德判断交织在一起。认为制度合乎义理的意识形态能够发挥凝聚某个团体的功能,淡化机会主义行为,降低个人"搭便车"或违反规则的可能性,从而节约交易费用。所以,关于政府会计改革的意识形态将从道德视角评判关于政府会计改革的正式制度是否合乎义理。在公共受托责任、新公共管理和财政透明度等前提下,这种意识形态已在政府会计改革与提升政府绩效之间建立了表面上看来牢不可破的、不受质疑的关系,从而在服务于公共利益的道德层面上为关于政府会计改革的正式制度做出了合理性或正当性的辩护,使人们普遍在价值观上予以认同和支持。这将有利于政府会计制度变迁的发生,保证政府会计改革的顺利推进。在这种条件下,提供公共物品的政府机构依据相关制度的要求进行会计改革将被人们视为是合乎义理的行动。

---

① 林毅夫.关于制度变迁的经济学理论:诱致性变迁与强制性变迁[C] // 陈郁.财产权利与制度变迁——产权学派与新制度学派译文集.上海:上海三联书店,上海人民出版社,1994:379.

政府会计改革制度结构内的互动关系 ▶▶

从宏观层面上研究影响政府会计改革的制度结构,除了分别关注影响关于政府会计改革的正式制度和非正式制度(主要是意识形态)外,还应当进一步分析这两种制度形式之间的互动关系,因为这在很大程度上决定了通过制度推进的政府会计改革能否得以有效实施。

一、关于政府会计改革的意识形态对正式制度的影响

意识形态在制度变迁过程中起着至关重要的作用,因为它会对新制度的制定和执行产生极大影响。因此,如果将关于政府会计改革的正式制度视作一种制度变迁的结果,那么关于政府会计改革的意识形态在其中所发挥的作用就应当受到高度重视。而且,这种影响体现在制定和执行关于政府会计改革的正式制度过程中。

(一)对制定政府会计改革正式制度的影响

意识形态本身是动态发展的,当其发生变化时,制度均衡也会发生相应的变化,这时就会产生一种需求:制定新的正式制度。所以,意识形态构成了制度变迁的重要推动力。上文分析表明,随着经验的变化,人们从普遍推崇官僚制逐渐转向了公共受托责任、新公共管理和财政透明度等观念,在这种条件下,关于政府会计改革的意识形态也发生了变化。它不仅对传统的预算会计模式进行批判,指出其存在的种种不合理性或不正当性,还确立了借鉴或趋同于企业会计的新型政府会计模式。除此之外,与传统预算会计相关的正式制度也受到了广泛的指责,特别是被认为不合乎义理。这样一来,人们就普遍要求重新制定政府会计制度,以改进传统的预算会计,建立新的政府会计体系。从这种意义上说,关于政府会计改革的意识形态成为制定相关正式制度的一种"催化剂"和"驱动力"。实际上,我国当前条件下存在着这样的意识形态,它指出了预算会计及其现行制度的诸多弊端,并提倡借鉴国际经验改革预算会计,建立政府会计体系。客观上说,这对我国制定关于政府会计改革的正式制度提出了客观要求。

诺斯(1981)指出,在借助政治、司法程序进行资源配置决策方面,意识形态起着支配作用。当立法者、管制者和执行机构面临诸多选择时,意识形态便

成了决定因素。① 这意味着,在制定相关正式制度时,关于政府会计改革的意识形态起着相当重要的作用。具体来说,这种意识形态通常支配着有关主体在制定政府会计改革正式制度时的选择行为。换言之,这些主体在决策过程中倾向于选择符合其意识形态的政府会计形式和方法。举例来说,在公共受托责任、新公共管理和财政透明度等前提下,借鉴企业会计、引入权责发生制会计基础、改进传统预算会计模式、建立更完善的政府财务报告体系以及扩展会计信息披露范围等一系列改革举措成为人们所共享的观念,即关于政府会计改革的意识形态。那么,在制定政府会计改革正式制度时,他们就会做出与上述意识形态相一致的选择。从结果来看,这种做法不仅简化了决策过程,节约了信息费用,而且使得关于政府会计改革的意识形态内化于相关的正式制度中,通过这些制度反映出来。所以,像美国联邦政府《政府管理改革法案》、新西兰《财政责任法案》、澳大利亚《财务管理和受托责任法案》以及 IMF《财政透明度手册》等文件都包括和体现着关于提供公共物品的政府及其会计改革的意识形态的内容。②

(二)对执行政府会计改革正式制度的影响

新制度经济学认为,当一种正式制度被制定出来之后,与之相对应的意识形态对其执行过程和结果会产生极大影响作用:首先,当正式制度与意识形态相容时,它更容易为社会所承认和接受,被认为合乎义理。这将有利于正式制度的顺利实施,减少人们违反制度的可能性,降低制度运行成本。其次,由于任何正式制度都有局限性,只有通过意识形态的辅助补充,才能有效地发挥作用。事实上,对执行政府会计改革正式制度而言,关于政府会计改革的意识形态也同样会发挥出重要作用。上文已述及,在公共受托责任、新公共管理和财政透明度等前提下,这种意识形态已在政府会计改革与提升政府绩效之间建立了表面上看来牢不可破的、不受质疑的关系,从而在服务于公共利益的道德层面上为关于政府会计改革的正式制度做出了合理性或正当性的辩护,使人们普遍在价值观上予以认同和支持。在这种情况下,它将成为执行政府会计改革正式制度时的"润滑剂",因为其有助于正式制度得以低成本地实施,更好

---

① 转引自:刘峰.会计准则变迁[M].北京:中国财政经济出版社,2000:60.

② 关于提供公共物品的政府的意识形态和关于政府会计改革的意识形态是联系在一起的,所以它们在同一个正式制度中反映出来不足为怪。

地约束提供公共物品的政府机构。①

　　一个国家或国际组织关于政府会计改革的正式制度对其他国家是开放的、流动的和可移植的。所以，某个国家或地区进行政府会计改革，可以直接应用其他国家或国际组织已发布的相关正式制度。这种移植的做法能够大大降低制定相关制度的成本，提高制定相关制度的速度，从而给"输入国"带来很多好处。但是，如果被移植的正式制度与"输入国"关于政府会计改革的意识形态不相容，那么在执行过程中就可能面临更多困难，难以发挥出应有的作用。这正是一国在直接应用其他国家或国际组织的相关正式制度推进本国政府会计改革时必须时刻警惕的。所以，在开展改革预算会计、建立政府会计体系工作时，我国必须综合考虑本国的实际国情（包括关于政府会计改革的意识形态），有选择地借鉴和应用西方发达国家、IFAC 以及 IMF 等组织发布的相关制度。

二、关于政府会计改革的正式制度对意识形态的影响

　　关于政府会计改革的意识形态对制定和执行政府会计改革正式制度具有至关重要的经济意义。但是，关于政府会计改革的正式制度事实上对意识形态也具有极其重要的反作用。

　　从本质上看，正式制度和意识形态都是用于规范人们行为的一类规则。但是，意识形态的规范作用是非强制性的、脆弱的，只有借助于强制性的正式制度，才能更有效地发挥出应有的作用。特别是在涉及诸多理性主体的各种错综复杂的经济问题上，离开了正式制度的强制作用，意识形态通常会显得软弱无力。所以，关于政府会计改革的意识形态应当内化于相关的正式制度中，获取这些制度的支持，这样才能更好地制约提供公共物品的政府机构所进行的会计改革。例如在我国，应当进一步改革预算会计、建立政府会计体系已成为许多人的普遍共识，尽管在如何推进和实施改革方面还存在不同观点。但是，如果这种意识形态无法在人大和政府部门制定发布的法律法规、行政规章中得到落实，那么它就难以对我国预算会计体系产生实质性影响。可见，关于政府会计改革的正式制度为实现相关意识形态提供了基本保障。

---

　　① 本书的研究主题是政府会计改革"绩效悖论"问题的形成原因，所关注的焦点是为什么按照制度要求进行会计改革后，政府机构提供公共物品的绩效并没有如预期那样得以提高。所以为了简化分析，这里假定关于政府会计改革的不同制度形式之间是相容的，它们共同推进了提供公共物品的政府机构的会计改革。

关于政府会计改革的正式制度一般包含和反映着相关意识形态的内容。当这些制度被执行以后，一旦所出现的结果与关于政府会计改革的意识形态不一致，那么这种意识形态可能就会受到影响并因此而改变。^① 举例来说，关于政府会计改革的意识形态主张引入权责发生制确认基础，并将其与促进国民经济发展、提供政府机构绩效、提升公共利益等目标联系在一起，而且也内化于关于政府会计改革的正式制度当中。但是，当执行了该项正式制度后，在宏观层面上国民经济发展究竟应当在何种程度上归功于权责发生制会计的应用是非常不清楚的，正如在新西兰和澳大利亚的情况^②；在微观层面上政府会计改革不一定能够提高政府机构提供公共物品的绩效，提升公共利益。这种现实结果与关于政府会计改革的意识形态是相矛盾的。因此，它将促使人们重新审视政府会计改革问题，从而达成新的观念和看法。从这个意义上说，相关正式制度能够影响和改变关于政府会计改革的意识形态。

当前，以引入权责发生制确认基础为主要特征的政府会计改革已演化为一种国际现象，许多发达国家和发展中国家都先后对本国的政府会计进行了变革。在这种条件下，我国应当认真研究这些国家推行政府会计改革取得的实际成效，仔细评估在这一方面的成败得失与经验教训。这将促使我国更为理性客观地认识政府会计改革问题，从而制定出更为科学合理的政府会计制度，以更有效地推进政府会计改革，并确保其实现预期目标。

总的来看，在关于政府会计改革的制度结构中，正式制度和意识形态这两种不同制度形式之间存在着紧密的互动关系。它们互相补充、互相依赖、互相促进，共同制约着提供公共物品的政府机构所进行的会计改革活动。

---

① 这一表述与"意识形态会随着人们经验的变化而变化"的观点是一致的，因为执行关于政府会计改革的正式制度的实际成效构成了人们的一项经验。

② Champoux，M.Accrual Accounting in New Zealand and Australia：Issues and Solutions[Z].Briefing Paper No.27，Harvard Law School Federal Budget Policy Seminar，2006.

第六章
政府会计改革衍生问题(二)：
契约及其激励效应

▶▶▶

在作为一系列契约关系集合体的政府[①]中,理性的缔约面临的契约结构以及由此产生的激励效应不同,它们在会计信息需求和使用方面呈现出不同的经济行为模式。因此,本章主要研究分析微观层面上的单一政府机构涉及的契约类型及其激励效应,涉及政府官员、政治家和社会公众等理性经济主体。这有助于理解政府会计改革带来的增量信息如何被使用。

第一节 | 政府官员契约及其激励效应　　▶▶

在公共选择理论中,官僚也可以被称为政府官员。从层级结构看,政府官员[②]和企业经理在组织中有着类似的地位和作用。作为公共政策的直接执行者,政府官员的行为取决于他们面临的契约及其激励效应,而且对政府提供公共物品的绩效具有重大影响。

一、政府官员契约的特征

除了产出因素外,契约及其激励效应也是认识政府官员行为的基础。因此,本节首先探讨作为理性经济主体,政府官员所缔结契约的主要特征。

———————————————

　　①　这里的"政府"实质上是指负责提供公共物品的单个政府机构,属于微观层面的范畴。

　　②　在公共选择理论中,官僚也可以被称为政府官员,二者是同义的。所以,本部分在表述中不加区分,以便于引述相关研究资料。

（一）理性经济人

以动机为依据，政府官员可以划分为不同的类型（见表 6-1）。可见，政府官员的行为通常服务于以下三种目的：个人利益、公共利益或者二者的混合物。

表 6-1　官僚的类型

一心往上爬的人	权力、收入和声望差不多是他们的价值谱系中最重要的东西。
保存既得利益的人	便利和安全对他们至关重要。与一心往上爬的人不同，保存既得利益的人仅仅寻求维护已有的权力、收入和声望，而不是去扩大它们。
狂热者	他们忠诚于相对比较狭窄的政策和概念，如发展核潜艇。他们既为了权力而追求权力，又为了影响他们所忠诚的政策而追求权力。我们把这些政策称为他们的神圣政策。
倡议者	他们忠诚的功能和组织比狂热者要广泛。他们也追求权力，因为他们要对关系到那些功能和组织的政策和行动有重要的影响力。
政治家	他们忠诚于作为一个整体的社会，他们希望获得必要的权力，对国家的政策和行动产生重要的影响。在很大程度上，他们是利他的，因为他们忠诚的对象是他们认为的"普遍的福利"。因此，政治家很像公共行政教科书上说的理论上的官员。

资料来源：小威廉·T.格姆雷，斯蒂芬·J.巴拉.官僚机构与民主——责任与绩效［M］.俞沂暄，译.上海：复旦大学出版社，2007：39.

这里依据经济学假设，将政府官员视作理性经济人。[①] 这意味着，作为缔约主体，政府官员的行为（包括决策）以个人利益为中心，并且理性地追求这些利益，以实现自身效用最大化。也就是说，当遇到一连串选择时，政府官员会选择其中他认为最能达成其自身目标的那一个。所以，政府官员并不具备自觉履行已订立契约的"良好的天性"，也可能机会主义地行事。

（二）人力资本投入

在新制度经济学中，人力资本是一个十分重要的范畴，它是指个体拥有的具有经济价值的能力、知识和技能，其主要通过学习、训练和经验来获取和积累。政府官员正是凭借其特有的人力资本而成为政府缔约主体的，而且这种身份一般是长期的、稳定的。实际上，在政府契约关系集合体中，他们所拥有的人力资本与其他生产要素相结合，以生产可供人们同时消费的公共物品。在这一过程中，政府官员也获得了有助于增加自身人力资本的经验。

---

① 事实上，这一假设贯穿于公共选择理论的始终。

非人力资产是与人力资本相对的一个范畴,其控制权可以转让买卖。例如,当纳税人将其财产(以税收形式)投入政府,这些财产凝结为一个不能再由他们分别控制的整体。而且,这个财产整体将以政府名义被唯一占有、支配、管理和经营。但是,政府官员的人力资本不能脱离作为其载体的那个人而独立存在。也就是说,对一个政府官员的能力、知识和技能的直接控制权只能属于其本人所有,因而是不可以让渡和买卖的。因此,政府官员成为直接参与政府日常管理和运营的缔约主体。

由于使用了人力资本,政府官员将从政府获取工资、奖金、福利和津贴等作为自己的回报。相比之下,除了固定金额的报酬外,企业经理还可能享有一定份额的剩余索取权,同时承担起一定程度的风险。这种做法形成了一种激励机制,促使企业经理为了所有者利益而尽最大可能使用其能力、知识和技能。但由于政府不存在剩余索取权,政府官员的最终报酬与其人力资本使用水平难以紧密联结在一起。这将促使他们选择偷懒或更多地休闲,抑或用其他目标(如权力)来替代财富最大化目标。

(三)管理贡献计量

对企业经理和政府官员来说,没有哪一种直接的方法可以客观、准确地计量其管理贡献,因而也就不能按照边际贡献率确定应当支付给他们的报酬。如果支付一个预先固定的报酬,就等于使经理和政府官员的管理贡献与可获取的报酬无关,而且无须分担不确定性引起的风险。这显然是不可取的,因为它无法激励他们贡献出其他缔约主体所期望的能力、知识和技能,从而形成履行契约过程中的机会主义行为问题。因此,在固定报酬条件下,企业经理和政府官员在其契约中对管理贡献的事先承诺并不可信。

作为一系列契约关系集合体,企业提供可按市场价格销售的私人物品,由此产生的收入扣除对其他要素所有者的固定支付后形成剩余收益。除了不确定因素外,企业剩余收益的高低很大程度上取决于经理的努力水平。事实上,会计在企业中就扮演着计量剩余收益的主要角色。相对来说,会计的计量结果较为确定,缔约主体可以一目了然地观察到,因而成为计量经理管理贡献的不完善替代方式。在此基础上,股东就可以根据剩余收益的规模向经理支付报酬,这时契约成为企业剩余索取权分享安排的一种证明。尽管缺少管理贡献的条款,但这样的经理契约依然可以自我履行,并且有助于将采用其他替代方式计量管理贡献时所产生的代理成本降至最低。

与企业相反,政府提供可供人们同时消费的公共物品。但是,以基于这种产出的其他可替代方式来计量政府官员的管理贡献,在多数情况下是十分困难的,因为:(1)公共物品没有由公开市场的供求关系决定的市场价格指标来测定其价值;(2)由于产出市场具有垄断性,因而不存在可进行比较的基准成本水平;(3)公共物品(如教育、国防、天气预报等)本身的数量和质量很难可靠地计量。而且,由于不存在剩余索取权,政府官员契约通常也缺少像企业经理那样的剩余利润分享契约的自我履行机制。所以,政府官员的行为要受到比企业经理更为严格的法律法规、预算以及其他控制方式的约束。

二、政府官员契约的激励效应

人力资本投入和管理贡献更加难以观察和计量,而且也不能采用分享剩余索取权以及风险分担的方式促使其自动履约,这决定了政府官员有着不同于企业经理的行为模式。换言之,政府官员契约的激励效应将通过特有的行为模式表现出来。

(一)公共权力最大化

在经济学中,追求效用最大化是用于描述理性经济人的一种主观性特征。决策者依据效用标准对那些相互替代的可能行为进行比较和选择。对不同个体而言,实现效用最大化的行为途径是有差别的。这在很大程度上取决于他们所面临的契约结构。

企业经理是剩余控制权的实际占有者,他们如何行动将直接影响收益的高低。但从法律规定上看,企业属于股东所有,而且股东被普遍视为企业收益的真正受益者。在这种情况下,如果经理不能占有其创造的全部收益,他们将被迫通过工作享受、额外津贴、安全、规模等不受人注目的方式索取企业收益。换言之,在不分享剩余索取权的条件下,企业经理将以可引发 X-无/低效率的非金钱目标替代服务于股东利益的(企业价值或股东财富最大化)目标。因此,企业经理契约一般涉及剩余索取权分享和风险分担的条款,从而使他们承担起自身决策的财务后果。这种契约安排将企业的剩余收益、股东的利益和经理的个人财富在一定程度上联系到一起,从而促使经理为实现个人财富最大化而不断提高企业的剩余收益,维护股东的利益。可见,经理的剩余控制权能够转化为货币收入,这时经理是谋求个人财富最大化的。

与企业经理一样,政府官员也掌握着剩余控制权,但由于政府不存在剩余索取权,因而对政府官员来说,要把他们握有的权力转化为个人财富困难得多。在政府中,政府官员追求个人财富的行为较之企业经理受到更严格的限制,因而基本上没有追求更高绩效的货币激励。在这种情况下,非金钱目标就成为政府官员合乎情理的目标。当前,西方经济学家用追求公共权力最大化来解释政府官员的行为。Stiglitz(1999)指出，官僚可能不会因为效率提高获得较多金钱或者多拿红利，但是他们很享受管理较大组织的权力和威信。①这里遵从这种具有普遍性、可应用性的解释逻辑。也就是说，政府官员将公共权力最大化而非个人财富最大化作为其追求的目标。由于公共权力的大小又与政府官员所控制的经济资源数量成正比，从而与政府预算规模成正比，因此追求公共权力最大化的政府官员必然会努力追求政府预算规模的最大化。

（二）预算规模最大化

由于公共权力与政府预算规模成正相关关系，所以政府官员将追求预算规模最大化作为自身的行动目标。预算规模庞大可以用于补偿政府官员在个人财富上受到的限制，而且使他们可以证明其所管辖政府机构的合理性与重要性。在公共选择理论中，Niskanen(1971)模型（或者说官僚政治模型）揭示了在双边垄断和信息不对称条件下，政府官员追求预算规模最大化目标可能产生的经济后果。

该模型建立在以下两个有关政府机构的函数及其相互关系的基础上：(1)预算函数 $B=B(Q)$，$B'>0$，$B''<0$。它表示政府机构因其可识别到的产出 Q 而从筹款机构（例如议会）获得的最大预算，而且也可以被视为社会公众从产出 Q 中得到的总收益（即社会效益）。(2)成本函数 $C=C(Q)$，$C'>0$，$C''>0$。它表示政府机构产出 Q 的最低总成本以及社会成本，该函数只有政府官员知晓。(3)约束条件为 $B \geqslant C$，即预算必须大于或等于最低总成本，否则政府机构产出 Q 为零。依据计算可知，当 $B'=C'$（即社会边际收益等于社会边际成本）时，公共物品的产出水平为社会最优数量，此时的社会净收益达到最高。但 Niskanen 模型却揭示出，由于政府官员通常拥有提供公共物品的垄断权，而且掌握公共物品总成本的私人信息，因此将会利用自身的优势地位策略性地诱导筹资机构授权其动用尽可能多的公共资源，并按照 $B=C$（即社会效益等于社会成本）的条件确定预算规模，在社会最佳产量水平之上提供公共物品。

政府官员追求预算规模最大化，必将导致政府机构提供公共物品的产量超过社会的最优产量，社会公众因此要承担更多的税赋，而且得到的其他公共物品反而可能减少。在这种情况下，独家垄断和占有信息优势的政府官员利用其地位侵占了其垄断化提供公共物品时的消费者剩余，并且带来了社会效

---

① Joseph E.Stiglitz.公共部门经济学[M].3 版.郭庆旺，等译.北京：中国人民大学出版社，2005:170.

率的无谓损失。

(三)惰性的反应

提高企业效率能够节约经济资源,增加企业的剩余收益。在剩余索取权分享和风险分担的契约安排下,企业经理可以占有其所节约的一部分资源,因而为实现个人财富最大化目标,他们有较强的动机采用有助于提高管理效率的新技术方法。而且,由于剩余索取权可以在资本市场中转让,效率过低的企业有可能被收购,经理也会因此丢掉管理职位、损失个人财富和信誉,所以这种动机还将因为存在接管威胁而得以强化。

相对而言,无论是即将要做的,还是已经做过的,政府官员通常较之企业经理更倾向于延续强大的行为习惯。这意味着,对于那些有助于提高政府绩效的技术方法,政府官员往往会呈现出"惰性的反应"特征。他们对新技术方法是不敏感的、不愿意采用的,甚至是敌视的。造成这种现象的原因在于:对已应用的技术方法,政府官员在时间、努力和金钱等方面耗费了大量的人力资本投资,在数以千计的决策过程中累积了长期的使用经验,形成了他们自身固有的行为模式。如果政府官员采用了新的技术方法,那么至少需要重新进行部分人力资本投资。但由于政府不存在剩余索取权,政府官员无法分享其节约的一部分或所有资源,所以他们的人力资本投资不能获得合理的经济补偿或回报,因而几乎没有动机引入有助于提高政府绩效的新技术方法。

值得注意的是,政府官员"惰性的反应"程度可能因以下情况而愈加严重:(1)由于垄断性地提供公共物品,而且不像企业经理那样存在接管市场的威胁,所以政府即使绩效不高也可以继续存在下去;(2)采用新技术方法将纯粹地减少他们所控制的资源数量,导致其追求公共权力最大化目标的能力受到影响。因此,从经济个体角度看,只有当转换收益超过已应用技术方法的收益和转换成本之和时,政府官员才能够理性地选择采用新技术方法。当然,还有另外一种可能的情况,即外部发生的制度变迁要求政府官员必须这样做,而不能考虑转化收益和成本。

三、政府官员与政府会计信息

在政府契约关系集合体中,作为中心契约代理人的政府官员扮演着政府会计信息供给者和使用者的双重角色。以上内容分析了政府官员契约的特征及其激励效应,本部分将在此基础上探讨政府官员如何发挥这两种角色作用,以认识其对政府会计信息的偏好和态度。

(一)作为政府会计信息供给者的政府官员

政府官员是不容否认的政府会计信息供给主体,他们在这方面的既有偏好和态度直接取决于自身在政府契约关系集合体中追求公共权力最大化或预算规模最大化的行为目标。

事实上,企业经理和政府官员都是剩余控制权的占有者,但只有在信息不对称条件[①]下,他们握有的这种权力才具有经济价值,才能够实际转化为自身的效用。也就是说,信息不对称创造出政府官员追求公共权力最大化或预算规模最大化目标的可能性。反过来,呈报会计信息有助于解决信息不对称问题,在一定程度上限制了政府官员行使剩余控制权谋求个人目标的能力。可见,财政透明度归因于对政府的限权,发布信息则意味着政府出让其权力。[②]所以,政府官员有理性地隐瞒信息的动机,一般只会呈报被要求提供的最低限度的会计信息。为此,他们通常会夸大政府操作中的保密要求。

Giroux 和 Shields(1993)指出,包括政府会计在内的高效的控制系统易于被管理机构中的代理人掳获而受到策略性操纵。[③] 具体地讲,政府官员可能出现以下行为倾向或偏好：(1)选择最有助于证明其现行活动合理性的会计信息。Rahaman 和 Lawrence(2001)对加纳 Volta 河流管理局会计实践的研究佐证了这一结论。他们的研究结果表明,会计程序被策略性地使用,以保证使价格变化合理化,并促成一种符合先前政治协议的定价结构。[④] (2)使会计信息显示出足够的变化与不稳定性,以取得更多的渴望获得的预算拨款。(3)对会计结果进行操纵,从而使会计信息与已审批的预算保持一致,以表明他们是合规的。[⑤] 可见,类似于企业经理进行的盈余管理,在条件允许的情况下,政府官员也将有意识地管理对外呈报的会计信息,把不利于自身利益的信息部

---

① 委托代理模型以及 Niskanen 模式都建立在这一前提基础上。

② 陈立齐,李建发.国际政府会计准则及其发展评述[J].会计研究,2003(9):49-52.

③ Giroux,G.and D.Shields.Accounting Controls and Bureaucratic Strategies in Municipal Government[J].Journal of Accounting and Public Policy,1993,12(3):239-262.

④ Rahaman,A.S.and S.Lawrence.A Negotiated Order Perspective on Public Sector Accounting and Financial Control[J].Accounting,Auditing & Accountability Journal,2001,14(2):147-165.

⑤ 当然,在收付实现制和权责发生制基础下,操纵政府会计核算结果的方法是不同的。目前,通过提前或延迟现金收支时间来操纵会计核算结果已成为人们指责收付实现制、提倡转向权责发生制的一项重要依据。但是,企业会计实践表明,在权责发生制会计基础下,对会计核算结果(特别是收益)的操纵也不难进行,只不过采用了其他方式而已。

分地过滤出来,并突出那些有利的信息。

在某些条件下,政府官员也会理性地自愿披露有关信息,其目的在于通过良好的会计业绩向其他缔约主体(如政治家、社会公众、债权人、供应商等)传递关于他们能力的信号,以增加自身所控制的资源数量。实际上,这种做法与政府官员追求公共权力最大化或预算规模最大化的行为目标是一致的。

(二)作为政府会计信息使用者的政府官员

企业经理通常可以保留一些应当归属于所有者的剩余收益,以作为促使他们为了所有者利益而采取行动的一种激励机制。在这种情况下,由于企业经理可以占有其所节约的一部分资源,所以倾向于搜集和使用额外的会计信息,以提高决策效率,并由此增加个人财富。因此,在现代企业中,经理成为会计信息的主要(内部)使用者之一。而且,他们也将因为在决策中使用额外的会计信息而获益。这表明,额外的会计信息对企业经理具有特定的经济价值。

政府官员是理性的经济人,他们的行为动机不因其身份的变化而变化。每个政府官员都是依据自己的偏好和最有利于自己的方式活动的。由于政府长期采用收付实现制基础预算和会计,政府官员在这方面已进行了大量的人力资本投资,并且习惯了依据收付实现制基础会计信息做出决策。如果政府官员打算利用额外的会计信息改进决策,那么他们至少需要重新进行人力资本投资,投入必要的时间、努力和金钱等,以转变其业已形成的工作和行为模式,获取和累积使用额外信息的经验。但由于政府不存在剩余索取权,政府官员的个人财富与决策效率改进无关,也许还呈现反向关系。这表明,他们为利用额外的会计信息而耗费的投入不一定能够获得合理的经济补偿或回报。所以,尽管额外的会计信息有助于改进决策,但也不会被内化于政府官员的决策之中。相对于企业经理而言,政府官员搜集和使用额外会计信息的激励要小得多。而且,在相同条件下,转换工作和行为模式的成本越高,他们拒绝使用额外会计信息的力量就越强。

当前,政府会计改革的重要目标是产生额外的会计信息,以反映收付实现制基础预算会计系统未涵盖的交易和事项。这些信息有助于政府官员改进决策效率,在可能的备选行动方案中做出更优的选择,提高政府提供公共物品的绩效。但由于"惰性的反应"问题,额外的政府会计信息不一定被政府官员用于决策,在这种情况下它们所产生的边际净收益为零。

政治家契约及其激励效应 ▶▶

"政治家"是一个中性的概念,并不涉及对某一主体行为好坏的道德评价。本书将"政治家"视作给予某些进入政府契约关系集合体且发挥特定作用的理性经济人的身份标识。作为缔约主体之一,政治家的个人行为同样也需要从其面临的契约及其激励效应的角度进行解释。[①]

一、政治家契约的特征

在政府契约关系集合体中,政治家扮演着连接社会公众和政府官员的"桥梁"作用,所以他们所订立的契约也具有双重性特征。这为分析研究政治家为何采取特定行为模式提供了先决条件。

(一)以社会公众的代理人身份缔约

在现实生活中,如果关于提供公共物品的所有决策都必须通过社会公众直接参与投票(即直接民主制)的方式加以制定,那么这种公共选择的耗费将是十分巨大的。因此,间接民主制成为民主国家提供公共物品决策经常采用的方法。也就是说,首先让社会公众以投票方式选举出代理人,尔后再由他们代替社会公众做出相关决策。这些代理人就是所谓的政治家。他们是从投票人中分化出来,专门负责代行全部投票人职责的人。[②] 这可以被理解为一种社会分工的结果。由此可见,政治家是以社会公众的代理人身份成为政府契约关系集合体的缔约主体的。而且,他们以社会公众的名义确定对政府机构提供公共物品的需求。

公共选择理论认为,政治家不是为了服务于公共利益而制定政策的。愿意出任政治家的人必须因其人力资本投入和管理贡献而获得相应的回报,尽管这种回报可能是多种多样、不一而足的。他们和其他理性经济人一样,都以追求个人效用最大化为目标。Breton(1974)提出了一个被选出的政治家的效用函数公式,即:

$$U_p = U_p(\pi, a_m)$$

其中,U_p 是被选出政治家的效用,π 是当选和再次当选的主观概率,而 a_m

---

① 这里忽略了制度因素对政治家行为的影响。

② 杨志勇,等.公共经济学[M].北京:清华大学出版社,2005:79.

则是 Breton 提及的其他变量,包括个人的金钱收入、个人的权势、自己的历史形象、对崇高的个人理想的追求、个人对公共物品的看法以及政治家特有的其他东西。[①]

尽管政治家以社会公众的代理人身份缔约,但由于效用函数的部分不一致,他们也有自身特定的政策偏好,因而难以作为满足社会公众需求的简单工具。在信息不对称条件下,政治家为追求个人效用最大化目标,可能以牺牲一般选民的利益为代价,尤其当选民处于"理性无知"状态时更是如此。[②]

(二)以政府官员的委托人身份缔约

除了作为社会公众的代理人确定对公共物品的需求外,政治家还将委托政府官员具体负责组织公共物品的供给。所以,他们在政府契约关系集合体中也是政府官员的委托人,而政府官员则成为他们的代理人。因此,政治家和政府官员之间存在着一种典型的委托代理关系。而且,这种契约关系一般受到法律规定的认可和支持。

为了保证公共物品的供给,政治家必须授予政府官员某种限度的生产要素控制权。这往往直接取决于他们所订立的契约结构。通常来讲,政府官员是其负责提供公共物品领域内的专家,拥有相对于政治家的实质性信息优势。一旦这种信息优势被政府官员有目的地加以利用,就会出现逆向选择和道德风险问题,从而损害政治家的利益。但是,这并不意味着政治家就是被动的,他们会预期到委托代理问题的可能性,并采取适当的措施控制政府官员的行为。[③]

Kiewiet 和 McCubbins(1991)提出了四种可供由政治家组成的立法机构使用的方法,即:(1)通过对多个代理人进行甄别和遴选,然后对合格者授予代

---

① Joe B.Stevens.集体选择经济学[M].杨晓维,等译.上海:上海三联书店,上海人民出版社,2003:245.

② 当然,政治家的这种行为受到政治市场竞争的限制。政治市场竞争将迫使政治家考虑自己行为的经济后果,在一定程度上顾及选民的意愿,减弱谋求个人利益的动机。

③ Banks 和 Weingast(1992)的模型表明,在信息不对称条件下,那些具有攫取政治家租金的重大潜力的代理机构最初就不会被创立,或者即使被创立,政治家也要寻求方式来减少代理问题;而那些已被创立的代理机构或多或少都会为政治家提供利益(见:Banks,J.S.and B.R.Weingast.The Political Control of Bureaucracies under Asymmetric Information[J].American Journal of Political Science,1992,36(2):509-524)。因此,当政治家预期代理问题严重而无法获取收益时,他们根本就不会与政府官员订立委托代理契约。

理权,以减少逆向选择问题。(2)契约设计。这种方法适用于只有一个代理人,而且委托代理问题的大小取决于如何赋予其行政责任的情况。(3)进行监管和告发,以克服道德风险问题。(4)制度制约,它是指其他代理人有权否决或阻止一个已被授权的代理人所采取的行动。[①] 由此可见,政治家控制政府官员行为,减少委托代理问题的方式有很多。

在政府契约关系集合体中,政治家有责任监督政府官员的行为。这类似于 Alchian 和 Demsetz(1972)团队生产理论中资本家所做的那样。资本家是专门负责监督其他团队成员投入绩效的经济主体。他们履行这种职能的动力来源于其享有的剩余索取权以及承担相应的风险。为了最大化剩余收益,资本家将积极发挥团队生产监督者的作用。相比之下,由于政治家不享有剩余索取权,所以他们监督政府官员的动力不同于资本家。因此,应当从其他因素剖析政治家实施监督行为的动机,但他们最终还是以追求自身效用最大化作为目标的。

二、政治家契约的激励效应

作为理性经济人,政治家进入政府契约关系集合体中的目标在于追求自身利益而非公共利益,他们的行动决策在很大程度上取决于已订立的契约。正如政府官员一样,政治家契约的激励效应也将通过他们特有的行为特征表现出来。

(一)追求选票最大化

在人类社会中,企业和政府是分别负责提供私人物品和公共物品的经济组织,其根本区别在于有无剩余索取权的契约安排。在古典企业中,资本家享有剩余索取权,因而占有可增加个人财富的剩余收益,而且他们也可以在市场上将这种权利让渡给其他经济主体。因此,对某个资本家而言,即使其不再成为特定企业的缔约主体,他可能也不会损失任何个人财富。

与资本家不同,政治家需要通过赢得选举来获得职位,并且定期(与选举周期密切相关)进行更换。因此,政治家只能在特定的时限内维持其政府机构缔约主体的地位。但由于政府不存在剩余索取权,他们不可能在离任时以让渡这种权利来换取个人财富。因此,要想获得担任政治家带来的收益,首先要保证能够当选。而且,长期占有已获得的职位也直接关乎政治家的个人利益。

---

① 转引自:方福前.公共选择理论——政治的经济学[M].北京:中国人民大学出版社,2000:164-167.

所以,(再)当选成为政治家追求个人金钱收入、权势、理想信念等其他目标的前提条件。正如 Stevens(2003)所说,(再)当选只是通往权力、财富、名望、服务、牺牲或职责的手段。如果你真想为你所在选区的人民服务,你就不得不获得并保持官方职位。如果你选择接受贿赂,你同样也必须获得并保持官方职位。[①] 可见,受利己主义动机的驱使,政治家将努力寻求选票或者说(再)当选的可能性最大化。为吸引尽可能多的选票,想成为或已被选出的政治家往往利用中间投票人定理,选择大多数选民偏好的行为方式。

(二)政治家的行动决策

对政府机构提供公共物品的问题,追求选票最大化的政治家将在多个方面做出自身的行动决策,并表现出显著的行为倾向和偏好。

1.在资金来源方面,倾向于选择以举债而不是税收的方式进行筹资。税收负担的增加将减少选民的个人收入,因而易于引起选民的不满和抵制,从而失去选票。相比之下,举债筹资在发行时无须强制性地减少当前选民的个人收入。尽管最终偿还债务还需要依赖税收,但税收负担却已转嫁给未来的选民,而且还可以利用债务置换的方法将偿债责任推移到更远的将来。[②] 很明显,这将引致"跨代权益"问题。

2.倾向于选择对那些增加其(再)当选可能性的公共物品投入更多的时间和精力。由于有些公共物品较易受到选民的广泛关注,政治家如果积极采用相应的政治行动,就可能树立起更良好的政治形象,从而赢得选民的更多支持。例如,环境保护往往是选民关注的一个重大问题。因此,通过为环境保护项目立法或者提供资金,政治家就会建立起作为环境保护主义者的良好声誉,从而得到关注环境问题选民的那部分选票。

3.对某一个已确立的公共物品项目,倾向于维持或扩大现有的支出规模。这主要是因为,每一个项目往往与一定的特殊利益群体联系在一起,缩减其规模将损害这一群体的利益,从而因招致他们一批人的反对而失去选票。但是,如果政治家预期所带来的选票损失小于其获得的政治收益,他们就会采取缩减某一公共物品项目支出规模的行动。

4.除了支持有助于自身获得更多选票的公共物品项目,同时也会赞同与自己关系不大甚至稍有损害而对其他政治家却至关重要的项目,以换取他们

---

① Joe B.Stevens.集体选择经济学[M].杨晓维,等译.上海:上海三联书店,上海人民出版社,2003:246.

② 刘伟忠,等.公共经济学[M].北京:科学出版社,2007:94-95.

对自己所偏好项目的支持。

5.为了追求(再)当选,有动机满足决定性选民和利益集团的公共物品需求,而忽略其他主体的影响。

为实现公共权力最大化,被雇用的政府官员将努力追求最大化他们可获得的预算规模,并且在高于社会最优数量的水平上提供公共物品。但与政府官员不同,政治家主要通过社会公众"用手投票"的方式获得职位,为了保证得到尽可能多的选票以(再)当选,他们必须在某种程度上顾及大多数选民的意愿。这决定了政治家在做出提供公共物品决策时有不同于政府官员的行为选择。

三、政治家与政府会计信息

在政府会计研究中,政治家经常被先验地认定为政府会计信息的主要使用者。他们需要和使用政府会计信息,以监督政府符合立法以及预算授权、履行受托资源经管责任等活动,并做出各种相关的经济决策。这里将依据上述有关政治家契约及其激励效应的分析,进一步探讨政治家对政府会计信息的偏好和行为选择问题。

(一)政治家的监督动机

作为提供不同种类物品的经济组织,企业和政府在剩余权利上的主要差别在于是否存在享有剩余索取权的生产要素所有者。在古典企业模型中,资本家专门担负着监督其他生产要素所有者投入的职责。为了激励其更有效地履行职责,他们的契约结构中包含了享有剩余索取权的安排,并承担了与剩余收益相关的风险。为了最大化剩余收益资本化到自身财富中的价值,资本家在经济上就会积极主动地实施监督。所以,剩余索取权契约安排奠定了资本家进行监督的动力基础。这种结论同样适用于现代契约中享有剩余索取权的股东。

提供公共物品的政府机构中没有生产要素所有者享有剩余索取权。这种契约安排避免了资源提供者与剩余索取权享有者之间的委托代理问题,但并没有消除其他缔约者(如政治家和政府官员)之间的委托代理问题。政府提供公共物品是执行政治家已制定政策的过程,而政治家也同古典企业模型中的资本家一样负有监督之责,以减少其他要素所有者的机会主义行为。而且,他们的这种监督职责还可能受到相关制度的强化。但由于不享有剩余索取权,因此政治家实施监督的动力在很大程度上来源于其追求选票最大化的目标。也就是说,他们主动实施监督的目的在于缓解委托代理问题,确保其偏好的公共政策得到执行,以增加自身(再)当选的可能性。

不容否认,使用额外的会计信息有助于资本家和政治家监督其代理人,提高剩余控制权的行使效率。但如果从剩余索取权角度看,政治家基本上没有或很少有这样做的激励。

(二)政治家的监督选择

政治家监督是政府治理机制的重要组成部分。而且,(再)当选的可能性而非剩余索取权构成了政治家进行监督的动力源泉。也就是说,当提高某一政府机构提供公共物品的绩效可以获得更多选票时,政治家会亲自进行高调的、直接的监督,并做出各种经济决策。在这种情况下,政府会计信息将受到应有的重视,尽管反映的内容可能并不够全面、系统、完整。但对那些与自己(再)当选关系不大的政府机构,政治家可能就不会实施必要的监督。

事实上,政治家监督活动是有成本的。考虑这一点,政治家一般同时作为多个政府机构的缔约主体,因而需要对这些机构同时进行监督。但由于禀赋资源(时间和精力)的约束,他们不可能对所有政府机构实施同等程度的监督。政治家监督某一政府机构投入的禀赋资源越多,那么用于监督其他政府机构的资源就越少,也就越容易放任他们的代理人自行其是,并由此承担更高程度的代理风险以及选票损失。所以,当监督某一政府机构时,政治家除了直接耗费自己的时间和精力外,还要承担损失选票的间接成本。

由于存在监督成本的限制,政治家通常倾向于采用低调的、间接的方式来克服委托代理问题。McCubbins 和 Schwartz(1984)指出,为降低监督费用,政治家将大量的监督工作留给了选民。不同于努力发现问题的"巡逻"者,他们只对那些不满意的选民所发出的"警告"做出反应。[1] Weingast 和 Moran(1983)认为,对官僚依法行政的激励是强大的,足以使政治家不必对他们的执行代理人进行代价高昂的持续监控。他们也指出,有大量可供政治家采用的可产生这种激励作用的手段,如对人员任命的控制、预算竞争和与既往历史相联系的制裁,后者包括"新的立法,对活动的具体禁令以及其他方法,从而使代理人的领袖人物困扰不安,使未来就业机会受到损害,让代理人偏爱的项目难以通过"。[2]

---

[1]　McCubbins,M.D.and T.Schwartz.Congressional Oversight Overlooked:Police Patrols versus Fire Alarm[J].American Journal of Political Science,1984,28(1):165-179.

[2]　穆雷·霍恩.公共管理的政治经济学——公共部门的制度选择[M].汤大华,等译.北京:中国青年出版社,2004:21.

上述分析表明,政治家往往利用成本更低的方式来替代直接监督。在这种前提下,他们很少有需要和使用额外的政府会计信息持续进行监督的动机。政治家监督代理人的激励越小,他们需要和使用额外政府会计信息的动机也越弱。

第三节 | 社会公众契约及其激励效应　▶▶

作为缔约主体,社会公众与政府官员、政治家一样,也基于自身利益做出行动决策。而他们的个人利益又直接取决于已订立的契约结构。因此,本部分将进一步分析社会公众契约的特征,认识社会公众受到的激励以及由此引致的行为。这是研究探讨社会公众对政府会计信息需求和使用动机的前提。

一、社会公众契约的特征

在政府契约关系集合体中,社会公众通常依据订立的契约而占有多种身份。他们扮演着与政府相关的三种角色,即选民、纳税人和服务接受者,并因而发挥着不同的作用。[①]

(一)作为选民的社会公众

在民主国家,单个选民有权利为自己偏好的政治候选人、公共政策以及公共物品投票。而由于参与投票的人数众多,他们之中任何人的一票发挥决定性作用的概率都是微乎其微的。也就是说,某一个选民使公共选择（投票）的结果能够真实体现其自身偏好的可能性近乎于零。但是,最终的投票结果却对所有人都适用,因而成为一种纯粹的公共物品。当然,理性的社会公众在投票时会清醒地认识到这一点,因而产生了采取"搭便车"行为的可能性。如果选民认为自己的一票根本不会影响投票结果,那么对他而言不去参加投票就是理性的行为。而且,在多数票规则下,即使单个选民依其自身偏好进行投票,但社会公众整体所确定的公共选择结果也是不稳定、不可预测的。最终将

[①]　Chan,J.L.Decision and Information Needs of Voters,Taxpayers,and Service Recipients[R].In Objectives of Accounting and Financial Reporting for Governmental Units：A Research Study,edited by A.Drebin,J.Chan,and L.Ferguson,Vol.1（Chicago：National Council on Governmental Accounting,1981）.

出现哪种结果,完全取决于对投票程序的控制。这正是阿罗(1951)不可能性定理所传递的观念。所以,"公共利益"在现实中根本是不可捉摸的。

参与人数的多寡可能对选民的行为产生不同的影响作用。在人数较少时,选民可以通过协商建立投票者联盟,以更好地表达偏好,影响公共选择的最终结果,从而获取更大的收益。在这种情况下,这些选民一旦找到其他合作伙伴,接下来必须就结盟问题进行谈判,并寻求监督履行契约的手段。由于选民人数有限,因此与搜寻合作伙伴、谈判以及监督相关的交易费用或许不会过大。但事实上,由于选民数量较多,建立投票者联盟的方法通常不可行,因为单个选民也许会与其他选民达成支持特定行动方针的契约。但由于投票箱的秘密,执行契约需要无限高的监督成本,而且还会出现侵蚀行动基础的"搭便车"问题,因为集体行动的收益是一种公共物品,无论某个选民是否采取了行动,他都能够从中获益。因此,在政府契约关系集合体中,数量众多的社会公众在行动上一般是消极的、松散的。

(二)作为纳税人的社会公众

作为纳税人,社会公众以税收的形式为政府活动提供资源支持。从这一角度看,他们的作用与现代企业中的股东相类似。然而,纳税人和股东并不因其资源投入而同样享有剩余索取权。

当股东将资源投入现代企业时,他们让渡了附着于这些资源上的某些权利,但同时也取得了相应的权益,而且所有权的主要权能——剩余索取权也归其享有,即股东可以排他性地占有企业的剩余收益,并且可以将该项权利在市场上交易转让。这种契约安排能够使改进管理的未来结果资本化到股东的现有财富中,为此股东会受到激励去监督其代理人。而且,企业股权越集中,股东监督激励的水平就越高。但在政府中,由于不存在享有转让净现金权利的代理人,因而剩余索取权的契约安排是不存在的。对纳税人而言,他们不能因其资源投入就可以公开宣称享有剩余索取权。也就是说,每个纳税人都不能独占政府税收收入扣减对其他生产要素支付后的剩余收入。

政府剩余收入的高低取决于代理人行使剩余控制权的效率。尽管不属于任何单个纳税人所有,但它却有助于最终减少纳税人整体的税收负担。因此,监督代理人、改进政府管理的未来结果将使所有纳税人间接受益。而且,作为资源的直接供给者,纳税人整体也承担了伴随政府剩余收入的风险。在这种契约安排下,单个纳税人监督代理人行使剩余控制权的行为具有较大的外部性,其他纳税人也可以从他的行动中受益,从而承担更少的税负。但由于人数众多,该纳税人所获致的利益微乎其微,却要付出极高的行动成本。在这种条件下,单个纳税人即使不采取行动,也可以从其他纳税人的监督行动中受益。而且,每个纳税人因某一政府机构剩余收入减少而多承担的税负量极小,与其为避免这点财富损失而要付出的代价相比微不足道。所以,作为理性的经济主体,纳税人可能对监督代理人持消极、冷漠的态度。

（三）作为服务接受者的社会公众

除了作为选民和纳税人外,社会公众还扮演着服务接受者的角色。他们在消费公共物品的过程中获得满足。这一点类似于市场经济中购买私人物品的消费者。而且,社会公众还可能因公共物品增加其个人财产的价值而受益。例如,在交通便利、环境良好的社区,那里的居民能够享受到惬意的出行、新鲜的空气等生活益处,他们所拥有的不动产（如住房）也会有高于其他社区的市场价值。所以,公共物品数量和质量的高低直接关乎社会公众的切身利益。

由于具有非竞争性和非排他性特征,公共物品甚至"好"政府本身成了可供社会公众同时消费的产出,政府管辖范围内的任何个体都不能被剥夺消费者资格。从产权理论上说,公共物品带有公共产权的性质。社会公众中的任何一员都享有对公共物品的同等消费权,即某个人对一公共物品所拥有的权利并不能限制其他人对这项公共物品拥有同样的权利,但同时公共物品又不属于任何个人所有。因此,社会公众必须作为一个整体来享有公共物品的产权。在这种产权安排下,公共物品质量和数量的改善将使全体社会公众受益。但是,他们在让渡接受服务的权利时会受到极为严格的限制,通常不能因转让这种权利而获取财富。

市场经济中的消费者利用货币选择自己偏好的私人物品。在完全竞争市场中,不管他们购买何种质量和数量的物品,都不会对其他人产生外部性影响。但相对而言,由于非竞争性和非排他性特征以及公共产权性质,某一社会公众个体改善公共物品质量和数量的努力往往具有较大的外部性。所以,他因不能将其努力的成果以货币形式授让给其他个体而获益较小,但要负担较高的行动成本,而他如果选择不采取行动的话,也同样可以从其他人的努力中受益。所以,作为服务接受者的社会公众可能选择默认现有的公共物品水平。

二、社会公众契约的激励效应

在不存在集体行动的前提下,社会公众整体中的任何一员通过投票影响公共选择结果的可能性接近于零,而且其个人行动的外部性较大,即他不能独占行动产生的全部收益,但却要承担行动的全部成本。社会公众所面临的这种契约结构决定了他们的个体行为选择。

（一）投票者行为模型

Downs（1957）首次应用"经济人"这一基本假设建立了"投票者行为"模型，以系统、严格地分析隐含于选民投票行为决策背后的作用机制及其经济后果，并从中引申出可供实证检验的具有现实意义的结论。[①]

在投票者行为模型中，所有的选民都被假定为理性的自利主义者。他们在政治活动（包括投票）中同样追求自身预期效用的最大化。因此，选民会在慎重估计个人净收益的基础上做出是否参加投票的决策。而个人净收益的评估值及其对应的决策结果又主要取决于两方面因素，即：（1）参加投票的预期收益和成本；（2）其投票影响公共选择结果的可能性。

一方面，单个选民依据自己知道的有关政党、候选人或方案的信息决定投谁的票。但是，他首先要估计其投票的收益和成本以确定是否参加投票。其中，投票的收益是指选民最支持的政党、候选人或方案与其他政党、候选人或方案带给选民个人的净收益上的差别。而且，由于选民一般只拥有对投票对象的不完全信息，因此他们从投票中获得的收益和效用都只能是预期的、潜在的；投票的成本是指单个选民搜寻信息的成本以及投票花费的时间和精力，它对选民而言往往是显而易见的。通过对比预期收益和成本，如果其获取的净收益小于零，选民就没有参加投票的动力。另一方面，单个选民会评估其投票对公共选择结果的影响程度。如果有许多选民，单个选民对最终结果几乎没有任何影响，那么他也不会有投票积极性。在这种情况下，理性的选民将采取事不关己、高高挂起的态度，不去参加投票。

投票者行为模型可以用以下公式表示：

$$R = B \times P - C + D$$

其中，R 代表选民通过投票所获得的预期收益；B 代表不同候选人带给投票人的收益差，即政党间的期望效用差；P 代表投票起决定作用的概率，即选民主观推测对投票结果产生影响的概率；C 代表搜集信息与参与投票的预期成本；D 代表搜集信息与参与投票所带来的其他好处。[②]

投票者行为模型表明，由于认为投票根本不能影响结果，而且往往得不偿失（即预期收益≤成本），所以理性的选民将选择不去参加投票。同时，这种选择决定了他们没有搜寻信息的动力，从而出现一种"理性的无知"的经济后果。

---

①　Downs,A.民主的经济理论[M].姚洋,等译.上海:上海世纪出版集团,2005.

②　金镝.公共经济学[M].大连:大连理工大学出版社,2007:91.

因此,选民将只通过新闻传播媒介等渠道获取免费信息,以做出相关决策。这种信息处理成本被转移给了第三方,但来源于第三方的信息可能被扭曲而存在严重的失真问题。

(二)集体行动模型

奥尔森(1965)提出了广为人知的"集体行动"模型,颠覆了组织存在的目的是增进其成员共同利益的传统观点,揭示出集团内部单个成员的行为决策及其经济后果。[①]

在集体行动模型中存在以下几个关键假定：(1)集团中的所有成员都是追求自身利益的理性经济人。因此,即使他们之间有着共同利益,但每个人也只是从自身收益和成本角度做出是否采取行动的决策。(2)集团利益具有非排他性的公共物品性质。任何一个成员为获取这种利益都要付出成本,但其收益必然由集团中的所有成员共同分享,而不管他们是否也为之付出了成本。(3)单个成员所能分享的利益份额在很大程度上取决于集团规模的大小。随着集团规模的逐渐扩大,分享集团利益的人日益增多,分配给单个成员的利益份额就越小。

集体行动模型揭示出,大集团和小集团中的单个成员倾向于采取不同的行为,而且其集体行动的经济后果也不一样。具体来说,由于大集团中人数众多,所以增进集团利益的个人占有的利益份额较小,他能从个人行为中获得的回报较少,可能不足以补偿其所付出的行动成本。而且,集团成员的数量较大,组织成本较高,为获取集体物品需要跨越较大的障碍。集团利益的公共物品性质又促使每个成员有"搭便车"的动机。因此,理性的单个成员就不会采取实现集团利益的行动。而且,即使大集团能够获得一定量的集体物品,其数量也大大低于其最优水平。

在小集团中,由于成员人数较少,每个成员都可以得到相当大份额的收益。他们往往发现从集体物品中获得的个人收益已超过为这种集体物品所付出的总成本。即便这些成本由某些成员负担,他们获取的利益也要多于不提供集体物品时的情况。在这种条件下,为追求自身利益最大化,集团中的单个成员可能自发行动提供集体物品。但由于存在"搭便车"问题,小集团提供的公共物品数量通常低于最优水平,但要比大集团更有效率。

总之,大集团或"潜在"集团不会受到为获得集体物品而采取行动的激励,

①　曼瑟尔·奥尔森.集体行动的逻辑[M].陈郁,等译.上海:上海三联书店,上海人民出版社,2004.

因为不管集体物品对集团整体来说是多么珍贵,它都不能给个体成员任何激励,使他们承担实现潜在集团利益所需的组织成本,或以任何其他方式承担必要的集体行动的成本。①

三、社会公众与政府会计信息

在政府契约关系集合体中,社会公众扮演着多种角色,所面临的契约结构决定其特有的行为模式。在此基础上,本书将进一步探讨社会公众需要和使用政府会计信息的可能态度和行为。

(一)作为使用者的社会公众:问题与争论

当前,政府会计改革通常宣称服务于满足社会公众的信息需求,以保障他们的知情权。但是,社会公众是否利用可获得的政府会计信息?甚至说,他们应当被列为主要的信息使用者吗?对这两个相互关联的问题,人们之间还存在着广泛的争论。

Lin和Raman(1998)认为,地方政府会计数据确实含有住房的价值相关性信息,而且会计变量提供的增量解释力随着财产税负担水平变动。所以,对居民定居决策而言,现行会计数据提供了价值相关性信息。② Wynne(2004)则提出在民主社会,要优先考虑政府对选民的政治受托责任,因此公共部门财务报表的最主要使用者应当是选民。③ Brusca和Montesinos(2006)的研究表明,选举结果受到了财务信息的影响,市民是地方政府财务报告的重要使用者。④ 但在这一问题上,也有学者持矛盾的观点。例如,Atamian和Ganguli(1991)提出,可得到的政府会计信息不是人们所广泛需求的东西。⑤ Copley等(1997)认为,由于难以影响政府中的决策程序,公民没有获取和理解财务数

---

① 曼瑟尔·奥尔森.集体行动的逻辑[M].陈郁,等译.上海:上海三联书店,上海人民出版社,2004:41.这里将社会公众看作一个大集团,因为他们人数极多,而且政府提供公共物品的绩效对他们的自身利益至关重要。

② Lin,W.and K.K.Raman.The Housing Value-Relevance of Governmental Accounting Information[J].Journal of Accounting and Public Policy,1998,17(2):91-118.

③ Wynne,A.Public Sector Accounting-Democratic Accountability or Market Rules? [J].Public Money & Management,2004,24(1):5-7.

④ Brusca,I.and V.Montesinos.Are Citizens Significant Users of Government Financial Information? [J].Public Money & Management,2006,26(1):205-209.

⑤ Atamian,R.and G.Ganguli.The Recipients of Municipal Annual Financial Reports:A Nationwide Survey[J].Government Accountants Journal,1991,40(3):3-21.

据的激励,即使这样做的成本很低。①

一般情况下,政府会计改革的倡导者对以上两个问题持肯定态度,主张政府会计应当为社会公众提供会计信息。但事实上,社会公众不一定任何时候都需要和使用政府会计信息,他们的行为选择往往视具体情况而定。

(二)作为使用者的社会公众:本书的观点

是否在某一政府管辖范围内定居和购置住房,这属于社会公众个体的私人决策。它通常不存在外部性,单个人将承担其决策行为的全部收益和成本,却不会对其他主体产生影响。由于未来税收支付水平和公共物品组合在很大程度上决定了他们的福利水平及其住房价值,因此社会公众可能主动需要和利用政府会计信息进行这方面的评估,并做出资源配置决策。在这种情况下,政府会计信息与住房价格之间至少存在一定程度的因果统计关系。

假定社会公众已通过缔约进入了特定的政府契约关系集合体②中。这时,他们面临着特有的契约结构,并且每个人都享有监督政府代理人的权利。但是,在实际监督政府代理人时,社会公众中的所有个体作为理性经济人通常产生严重的偷懒动机。这主要是因为:一方面,在特定的契约结构下,单个社会公众监督代理人所产生的收益是由社会公众共享的,他的努力行为具有极强的外部性。而且,即使单个社会公众进行监督,他的影响力往往非常有限,可能也不会对政府代理人形成强有力的约束。但是,他的行动成本却要由自己独自承担。这些成本包括信息搜寻成本③和组织成本等。对个人来说,这些成本通常十分巨大,以至于超过可获得的收益。另一方面,如果单个社会公众不采取行动,他不仅无须承担成本,还可以享受其他人行动带来的收益。因此,社会公众中的每个人都倾向于选择"理性的无知"和"搭便车"行为,不会为他们的集体利益而选择监督政府代理人。

---

① Copley,P.A.,R.H.Cheng,J.E.Harris,R.C.Icerman,W.L.Johnson,G.R.Smith,K. A.Smith,W.T.Wrege and R.Yahr.The New Governmental Reporting Model:Is It a "Field of Dreams"? [J].Accounting Horizons,1997,11(3):91-101.

② 在做出定居和购置住房决策时,社会公众可以被视作正在决定是否缔约,以进入特定的政府契约关系集合体中。但是,本书主要分析那些已通过缔约进入特定政府契约关系集合体中的社会公众。

③ 政府会计信息有利于降低社会公众的信息搜寻成本,但它们通常只反映政府提供公共物品、履行受托责任情况的大致轮廓,而不是对社会公众及其个体收益和成本的系统评估。

　　总之,尽管额外的政府会计信息有助于他们更好地进行监督,但由于社会公众在监督政府代理人时存在严重的偷懒行为,所以他们主动需求和利用政府会计信息的程度会降低。这并不像许多政府会计研究结论所宣传的那样,社会公众能否作为主要的政府会计信息使用者值得进一步商榷。

第七章
政府会计改革"绩效悖论"
成因分析与应用

▶▶▶

　　本章首先在理论上解读政府会计改革"绩效悖论"问题的成因,以揭示引入新的政府会计模式难以提高政府绩效的原因;其次,应用该框架进一步分析我国政府会计改革领域的两大热点问题,以体现研究这一悖论问题的现实意义。

第一节　政府会计改革"绩效悖论"成因分析　▶▶

　　为了对政府会计改革"绩效悖论"的成因进行理论解读,本部分首先将政府会计改革与制度变迁联系在一起,指出政府会计改革是由制度驱动进行的;其次,基于单个政府机构的微观情境,探讨政府会计改革的经济意义及其绩效结果;最后,总结提出政府会计改革"绩效悖论"问题的形成原因。

一、制度驱动政府会计改革

　　从国际实践情况看,政府会计改革几乎都起因于发生了相关的制度变迁。政府会计改革并不是自发产生的,而是相关制度影响的结果。也就是说,政府会计改革是由制度驱动进行的。

　　(一)制度驱动政府会计改革的必然性

　　政府会计改革应当从微观层面上理解,因为它本质上属于一种契约的变更或替代,并具体体现为一个个政府机构中会计模式的发展变化。但不容置疑,影响政府会计改革的制度①通常在这一过程中占有十分重要的地位,甚至说发挥了决定性作用。因此,需要进一步分析政府会计改革必须由宏观层面上的政府会计制度驱动的原因。

政府机构通过一系列明确或隐含的契约,将各种生产要素所有者联结在一起,以提供所需要的公共物品。这时的政府会计及其改革带有契约性。但是,政府会计改革一般不能直接通过政府缔约者之间讨价还价的协商过程实现。在零交易费用的世界中,通过政府缔约者之间的谈判,各个政府机构能够确立符合"效率机制"要求的会计模式。但在现实世界中,政府缔约者的人数较多且存在利益冲突,如果让他们相互之间进行协商、分别缔结私人契约,这种做法的交易费用②十分高昂,不符合成本—收益原则。而且,当每个政府机构都要就其会计模式进行这样的协商时,社会成本将不可估量。所以,通过各个政府机构缔约者自行缔结新契约来推进政府会计改革的方式是行不通的。

通过制定相关制度来推进政府会计改革成为有效的替代途径,因为这些制度来源于社会选择过程,重新确立了一种标准化的政府会计契约,它们的存在有助于使政府缔约者的行为更具有可预见性,降低了为达成新契约而发生的交易费用。而且,影响政府会计改革的制度具有"公共物品"性质,它们并不是针对某一个政府机构制定的,而是一种宏观层面上的公共契约,可以用于约束其管辖范围内的全部政府机构,任何一个机构通常都不能享受制度之外的特权。由于任何一个政府机构对制度的消费都不会影响其他机构,所以"公共物品"性质有利于发挥制度的规模经济效应。

上述分析表明,政府会计改革由制度驱动是必然的,因为从微观层面上看,这些制度有利于节省交易费用,避免私人契约的"缺位"现象,限制代理人的机会主义行为,保障缔约者的切身利益;从宏观层面上看,通过实现规模经济效应,这些制度有利于减少社会成本,提高经济效率,增进社会福利。从现实情况看,相关制度确实构成了世界各国政府会计改革大潮的直接推动因素。但是,这些必须落实到微观层面的各个政府机构会计中,否则就成了形同虚设的"花瓶",最终造成一种"有法不依"的坏局面。这里假定影响政府会计改革的制度已经得到了普遍遵循,其管辖范围内的所有政府机构都按照规定进行

---

① 这些制度实际上就是新的政府会计制度,它们是制度变迁的产物。
② 交易费用可能因有些参与主体采用"理性的无知"和"搭便车"行为策略以及会计的技术性而进一步提高。

了会计改革。①

（二）制度驱动政府会计改革的后果

对提供公共物品的政府机构而言，其会计改革既可能来源于缔约者之间的谈判协商活动，也可能来源于外部的制度变迁。但由于私人谈判协商的不可行性，所以通过出台相关制度来推进政府会计改革就成了必然选择。事实上，这种制度驱动政府会计改革的做法将产生一定的现实后果。

1.影响政府会计改革的制度旨在使政府会计借鉴或趋同于企业会计，从而实现政府会计的标准化和现代化。这些制度要求所有政府机构必须按照规定进行会计改革。所以，它们能够使政府会计改革朝着某些社会预期的方向发展。这时的政府会计改革实质上成为一种社会建构的过程，而且通常表现为将已经制度化的会计模式直接应用于政府机构。因此，新的政府会计模式依然是相关制度塑造的产物。

2.普遍发生的政府机构财政危机，使人们对传统预算会计确保政府履行受托责任情况的作用的共有信念受到怀疑，因而引发了制度危机。② 影响政府会计改革的制度正是在这一背景下形成的。它们在借鉴企业会计实践的基础上确立了新的政府会计模式，并且将其与提高政府绩效、服务公共利益等目标紧密联结。在这种情况下，这些制度为政府机构提供了一条实现合法性、增强信誉度的途径，因为依据其要求进行会计改革，有助于恢复人们对政府机构及其各项契约的信任，使政府官员等理性经济主体树立良好的社会形象。

3.各国提供公共物品的政府机构众多，但由于广泛实行了政府会计契约标准化，因此影响政府会计改革的制度提升了政府机构会计信息之间的可比性，为基于统一的社会标准衡量政府绩效水平创造了便利条件。

二、政府机构中的会计改革

由于政府会计改革"绩效悖论"问题需要从微观层面进行解读，因此这里将研究视角转向单个政府机构，并且假设其受到宏观层面的制度驱动进行会计改革，建立一种符合要求的会计模式。

① 制度理论认为，组织或个体处于特定的制度环境中，并且承受着制度的压力。由于制度的力量极为强大，所以任何组织或个体最终都将服从于制度环境的要求，即使它们最初采取了抵制的策略。该理论对本书研究具有重要的启示意义。

② 李元，杨薇钰.应计导向政府会计概念框架的制度有效性分析[J].当代财经，2005（6）：108-111.

（一）政府会计改革的经济意义

从政府会计的基本属性看,提供公共物品的政府机构进行会计改革可能实现确保契约绩效和提高契约合法性两大目标。当发生制度变迁时,某一个政府机构按要求进行会计改革,建立至少在形式上符合规定的会计模式,将使其达到提高契约合法性的目标。此外,制度驱动下的政府会计改革也是依据制度规定变更或替代原有的会计契约。

从技术工具角度看,制度驱动下的政府会计改革要求从确认、计量、记录和报告各环节改变传统的预算会计模式,例如采取权责发生制会计基础、扩展会计核算对象、构建完整的会计报告体系等,从而将一种新的会计模式引入各个政府机构中。这种改革存在使政府会计模式逐渐趋同于企业会计的趋势。

政府会计的最终产品是会计信息。所以,制度驱动下的政府会计改革通过引入新的会计模式,改进了缔约者获取信息的条件,使他们可以获得除预算会计信息之外的更广泛信息。这些信息涵盖了资产、负债、现金和成本耗费等项目,更全面地反映了政府机构的财务状况、财务业绩、现金流量以及公共资金使用效益等情况。但是,这是否意味着政府提供公共物品的绩效就会提高,因为忽略了政府会计信息发挥作用的机制,政府会计改革确保契约绩效的目标不一定能够实现。

（二）政府会计信息发挥作用的机制

在新制度经济学中,剩余索取权和剩余控制权是两个重要范畴。在企业两权分离条件下,前者由股东（委托人）所享有,后者由经理人（代理人）所控制。有效地行使剩余控制权,有助于提高企业经营效率和利润,确保股东剩余索取权的实现。但由于经理人无须承担其决策的全部后果,所以委托代理问题就必然存在。为此,股东既可以通过订立剩余索取权分享契约,对代理人进行恰当的激励,这将促使经理人呈报更多的会计信息,从而向外界传递某种信号;也可以适当地监督经理人,而剩余索取权则成了他们这样做的动力源泉。激励和监督离不开信息,额外的会计信息为委托人进行有效激励和监督提供了便利条件。在企业中,会计信息处于"剩余控制权和剩余索取权""激励和监督"的中心环节,是保证剩余索取权和剩余控制权匹配、确保激励和监督相容的一种机制,是企业治理结构的一种重要机制。[①]

---

① 杜兴强.会计信息的产权问题研究[M].大连:东北财经大学出版社,2002:13.

在政府机构中,作为代理人的政府官员享有剩余控制权,他们如何行使该权利决定了政府提供公共物品的绩效。由于不存在享有转让净现金权利的代理人,政府不存在剩余索取权,所以通过订立剩余索取权分享契约激励代理人的方式是行不通的。但是,作为委托人的政治家、社会公众等可以监督代理人行使剩余控制权,以减少委托代理问题,降低代理成本,提高政府绩效。他们的监督同样需要相关信息。不容否认,更多的政府会计信息确实有助于对代理人进行有效监督,提高政府绩效。但只有当其被委托人确实用于监督掌握剩余控制权的代理人时,这些信息才能发挥相应的作用。所以,在单个政府机构中,政府会计信息发挥作用的机制在于内化到委托人监督代理人行使剩余控制权的活动中。

(三)政府会计改革的绩效结果

在政府契约关系集合体中,所有理性经济主体都是基于自身利益的考量做出行为决策的。但与企业相比,由于缺少剩余索取权,因而改进管理的未来结果不能资本化到行动者的现有财富中,所以政府机构面临更为严重的偷懒问题。分析表明,尽管监督政府官员(代理人)可以提高剩余控制权的行使效率和政府绩效,但从剩余索取权角度看,政治家和社会公众基本上没有或很少有这样做的激励。在这种情况下,他们主动需求和利用政府会计信息的程度不高。

在其他制度保持不变的条件下,单凭影响政府会计改革的制度不能改变某一政府机构缔约者受到的激励。所以,尽管制度驱动下的政府会计改革引入了新的会计形式,改善了缔约者获取信息的条件,但如果原有的契约及其激励效应没有改变,那么这种改革对监督政府代理人的数量和代理成本水平的影响可以忽略不计。政府会计信息难以被缔约主体用来监督政府代理人,因此它们减少的代理成本较少或者为零。这意味着,尽管进行了政府会计改革,提供了更多有助于监督政府官员的会计信息,但由于契约及激励因素的制约,这些信息并没有被缔约者按照改革的预想意图用于监督代理人的活动,导致剩余控制权的行使效率和政府绩效没有提高。这时,政府会计改革"绩效悖论"问题就形成了。而且,这一问题可能持续存在,直到出现能够为政府缔约者提供不同契约及激励效应的制度结构为止。可以说,当受制于特定条件时,政府会计改革不一定会像其倡导者宣称的那样提高政府绩效。政府会计改革的绩效结果不是必然出现的。

三、政府会计改革"绩效悖论"问题的形成原因

这里对政府会计改革"绩效悖论"问题的形成原因进行梳理,以认清为什么政府会计改革只有限度地实现了其经常宣称的绩效目标。基于政府会计的基本属性,以及由此引申的政府会计改革经济本质和目标,本书认为对政府会计改革"绩效悖论"问题成因的理论解读遵循以下逻辑结构:

第一,由于宏观层面上发生了制度变迁,影响政府会计改革的正式制度和非正式制度形成。而且,这些制度通过强制(或约束)和/或提供激励的方式推进政府会计改革,使其规定最终落实到各个政府机构的会计契约中。

第二,在微观层面上,单个政府机构依据制度要求进行了会计改革,首先达到了提高契约合法性的目标。从直接效果看,政府会计改革将新的会计形式和方法引入政府机构,改善了缔约者获取信息的条件,使他们可以取得除预算会计信息以外的更多信息。这些信息本身有助于政府其他缔约者监督代理人。

第三,从剩余索取权角度看,政府机构中的委托人基本上没有或很少有监督代理人的动机,尽管这可以提高剩余控制权的行使效率和政府绩效。由于没有其他制度变迁,单凭影响政府会计改革的制度难以改变政府缔约者原本的契约结构及受到的激励。

第四,受到原有契约及其激励因素的制约,政府会计改革难以影响监督政府代理人的数量。在这种情况下,政府会计信息不一定按照改革的预想意图用于监督代理人,因而不能发挥应有的作用。

第五,尽管进行了政府会计改革,但不能减少行使剩余控制权时的委托代理问题、降低代理成本,因此政府提供公共物品的绩效难以提高。

第六,对单个政府机构而言,政府会计改革确保契约绩效目标无法实现,这时政府会计改革"绩效悖论"问题得以形成。只有当发生其他制度变迁、政府缔约者面临的契约及其激励发生变化,这一问题才有可能得到解决。

制度驱动下的政府会计改革是一项非常复杂和具有挑战性的系统工程。为了达到确保契约绩效的目标,避免出现"绩效悖论"问题,这种改革必须综合考虑政府机构的自身特征,将政府契约、激励和会计信息有机地整合起来。如果政府契约是由其现有制度结构中的其他制度决定的,那么影响政府会计改革的制度必须与之相互支持、相互一致。如果各项制度缺乏必要的耦合,那么制度驱动下的政府会计改革难以实现预期的绩效目标。

第二节 | 政府会计改革"绩效悖论"现实应用 ▶▶

理论研究的意义体现于现实应用过程中。所以,在对政府会计改革"绩效悖论"成员进行理论解读基础上,本书将依次分析我国1997年预算会计改革和国际公共部门会计准则应用问题。

一、我国1997年预算会计改革

1997年,我国制定发布了新的预算会计制度,对预算会计体系进行了较为全面的改革。由于这次改革是在先前预算会计发展基础上进行的,所以这里简要回顾一下中华人民共和国成立以来我国预算会计发展情况。

(一)预算会计发展过程的回顾[①]

在我国,制度变迁构成了预算会计发展的直接推动力。也就是说,我国预算会计发展一直是在相关制度驱动下进行的。

1.预算会计的初步形成阶段

为了具体落实统一财政管理,从根本上扭转国家财政经济状况,财政部于1950年12月制定发布了分别适用于各级财政机关事业单位和各级各类行政事业单位的《各级人民政府暂行总预算会计制度》和《各级人民政府暂行单位预算会计制度》,并要求自1951年开始执行。这两项暂行会计制度不仅确定了财政总预算会计和单位预算会计的名称,而且第一次规定了我国预算会计的组织管理体制以及在会计基础、会计要素、会计核算列收列支标准、记账方法和会计报表方面的核算要求。这些制度初步建立了我国预算会计的框架,实现了预算会计的统一,在预算会计发展过程中占有十分重要的地位。

2.预算会计的发展阶段

为了适应开展大规模经济建设的需要,我国在借鉴苏联管理经验的基础上,于1953年开始对上述两项暂行会计制度进行修订,重新规定了预算会计的组织管理体制与核算要求。而且,从1954年起取消"暂行"二字,改为正式颁发执行。此外,财政部还于1955年底重新制定发布了《各级国家机关单位预算会计制度》,改变了预算支出的数字列报基础,即由按实际支出数转变为按银行支出列报数。

---

① 资料来源:李建发.政府会计论[M].厦门:厦门大学出版社,1999:10-37.;项怀诚.新中国会计50年[M].北京:中国财政经济出版社,1999:223-292.

在"大跃进"之后的国民经济调整时期，我国预算会计发展在暂时受挫情况下出现了重要转折。财政部依据具体需要分别制定发布了四本预算会计制度，即各级财政部门统一使用的总预算会计制度和行政事业单位根据业务繁简和管理要求选用的《行政事业单位会计制度》《行政事业单位简易会计制度》《报销单位财务收支处理办法》。这些制度将会计科目分为资金来源、资金运用和资金结存三类，并采用"资金来源－资金运用＝资金结存"的会计平衡公式；取消借贷记账法，使用以资金活动为核算主体的收付记账法；完善银行支出数的财政支出列报基础，并加强了对银行支取未报数的管理。这一时期，我国预算会计基本上稳步发展，预算会计体系逐步充实起来。

3.预算会计的调整和改革阶段

1983 年，根据当时财政预算管理的要求，财政部制定发布了新的《财政机关总预算会计制度》，并于 1984 年开始执行。这一制度推进了我国总预算会计的发展，这主要体现在：(1)明确了总预算会计的主要任务，强化了总预算会计的组织管理职能。除了记账、算账、报账等会计事务外，总预算会计还要负责调度预算资金，协助国库做好工作，制定相关制度和实施办法以及组织指导本地区的预算会计工作等。(2)强调了总预算会计的组织机构建设，要求各级财政机关配备必要数量的合格会计人员，地(市)以上必须设置独立的预算会计机构。(3)规定了财政机关的预算单位立户和银行国库开户制度。(4)调整了会计科目的设置，对有关会计的事务性、技术性问题做出了规定。随着条件的变化，财政部于 1989 年对《财政机关总预算会计制度》进行了再次修订，将总预算会计的核算对象由预算资金和预算外资金扩展为包括财政信用资金在内的全部财政资金，并对财政信用资金的会计核算做出了较为全面的补充规定。

1988 年，财政部制定发布了新的《事业行政单位预算会计制度》，并于 1989 年起实行。这一制度推动了我国单位预算会计的发展，这主要体现在：(1)改变了单位预算会计制度的名称，在文字表述中把事业单位置于行政单位之前；(2)依据与各级财政总预算的缴拨款关系，将各类事业行政单位划分为全额拨款、差额补助和自收自支三种类型，并分别设计了对应的会计科目，规定了预算收支的具体核算方法，扩大了单位预算会计制度的适用范围；(3)为满足预算财务管理改革发展的需要，增加了会计核算内容，例如成本核算与管理、抵支收入项目核算以及专项资金核算等。

改革开放以来，我国对遭受"文化大革命"摧残的预算会计进行了调整和改革。尽管仍然划分为总预算会计和单位预算会计，但这一时期的预算会计有了重要发展，并且成为 1997 年预算会计改革的前提。

(二)我国1997年预算会计改革[①]

1997年,为适应社会主义市场经济的要求,财政部先后制定发布了《财政总预算会计制度》《行政单位会计制度》《事业单位会计准则(试行)》《事业单位会计制度》,并于1998年起开始实行。依据这些制度,我国对传统的预算会计进行了较为全面的改革,这主要体现在:(1)重新划分了预算会计体系,使事业单位会计成为单独的会计分支,并且对其进行准则和制度的双重规范;(2)提出预算会计不仅要符合国家宏观调控和财政部门预算管理的需要,而且要满足各部门、各单位加强内部核算管理的需要;(3)提出了预算会计核算的一般原则,规定会计核算必须遵循适应性、客观性、可比性、一致性、及时性、明晰性、历史成本等多项原则;(4)将资金收付记账法改为国际通行的借贷记账法;(5)将预算会计要素划分为资产、负债、基金(净资产)、收入和支出五类,采用了"资产-负债=净资产"的会计平衡方程式;(6)取消了按不同预算管理形式设置的三套会计科目,改为行政单位和事业单位各设一套会计科目;(7)统一核算预算内和预算外资金;(8)改革了会计基础,规定事业单位的经营性收支业务可以采用权责发生制核算;(9)改革包干经费财政总会计支出列报基础,要求各级财政总预算会计对各项包干的经费规定按拨款数列报预算支出,行政事业单位则以实际支出数列报支出;(10)重新设计了会计报表体系,确定预算会计报表主要由资产负债表、收入支出表及必要的附表、会计报表说明书组成。

总体上看,我国1997年预算会计改革进行得较为全面。与改革前的预算会计相比,改革后的预算会计核算体系更加系统,会计核算方法更加科学,会计确认、计量和报告程序更加规范,会计报表体系也更加完整。这次改革实现了中华人民共和国成立以来预算会计发展过程的一个跨越,使计划经济体制下的预算会计逐渐向市场经济体制下的政府会计模式转变。但是,这次改革没有改变我国长期以来一直按照预算管理方式、分部门制定行政事业单位会计制度的做法,因而还带有计划经济体制以及统收统支的供给型财政管理模

[①] 资料来源:李建发.政府会计论[M].厦门:厦门大学出版社,1999:10-37.;项怀诚.新中国会计50年[M].北京:中国财政经济出版社,1999:223-292.

式的浓重色彩,与改革的指导思想和预期总目标①的要求相去甚远。而且,随着社会经济文化环境的发展变化,改革后的预算会计表现出诸多的弊端和不适应性,受到了人们越来越多的批评。

(三)对我国 1997 年预算会计改革的认识

1997 年预算会计改革是中华人民共和国成立以来预算会计核算制度管理模式的延续,进一步推进了我国预算会计的发展进程,而且在借鉴企业会计和国际公共会计方面做了一些尝试。这次改革是在新的预算会计制度驱动下进行的,即由财政部直接负责制定发布新的预算会计制度,各个部门和预算单位按照新的规定进行会计核算,从而提高了它们的契约合法性。但是,这次改革是否有助于提高我国政府机构的绩效还需要进一步评估。近年来的"审计风暴"表明,我国政府机构还存在一系列违法违规行为,公共资金使用效益低下,损失浪费现象严重。所以,我国 1997 年预算会计改革的预期目标并未完全实现。事实上,除了预算会计改革本身存在不足外,这一问题可以在政府会计改革"绩效悖论"基础上加以解释,但这一点尚未受到普遍关注。

我国 1997 年预算会计改革在会计科目设置、会计核算对象界定、预算拨款限额反映、以拨作支、会计信息不完全等方面不无缺陷。这对我国政府机构加强内部管理、落实管理决策和强化外部监督等产生了消极影响。但是,这次改革没有达到绩效目标在很大程度上是因为忽略了当时我国政府机构的契约及其激励效应因素。与改革前相比,改革后的预算会计重新确立了会计要素,将政府机构的一部分(非全部)资产和负债纳入核算范围,进而能够提供除预算收支执行情况外的更多信息。尽管这些会计信息不够系统、完整、全面,但如果将其用于社会公众监督等活动,也可以促使政府官员更好地履行责任,提高公共资金的使用效益。从这个角度看,1997 年预算会计改革具有积极意义,不可全盘否定。

---

① 我国 1997 年预算会计改革的指导思想和预期目标是在由财政部于 1996 年制定发布的《预算会计核算制度改革要点》中提出的。其中,这次改革的指导思想是"坚持社会主义方向,适应社会主义市场经济体制的需要;总结新中国成立以来我国预算会计的工作经验,继承行之有效的核算和管理的方式方法;从我国预算会计的实际情况出发,吸收企业会计改革的成功经验和借鉴国际公共会计的习惯做法。既要改革创新,又要继承发扬"。而改革的预期总目标是"建立适应我国社会主义市场经济体制需要、具有中国特色、科学规范的管理型预算会计模式和运行机制。以利于加强财政预算管理和国家宏观经济管理,利于加强单位财务管理和促进建立自我发展、自我约束机制,利于提高资金使用效果,促进社会事业发展"。

但长期以来,我国一直强调预算会计应当为财政预算管理服务,而且当时财政管理体制改革的中心任务之一在于控制财政支出。这种情况导致人们着重关注预算收支执行情况信息,一些与预算收支无直接关系,但至关重要的会计信息却被忽视了。这表现在:政府官员通常倾向于提供预算收支执行情况信息,以避免权力受到限制;立法机关和社会公众往往只注重政府收支是否符合已审批预算的要求,很少利用其他可获取的信息监督政府官员的管理活动。可以说,这次改革没有达到政府契约、激励和会计信息的有机统一,影响了会计信息应当发挥的作用,在一定程度上阻碍了预期目标的实现。

我国未来的政府会计改革必然是制度驱动的。在这方面,许多西方发达国家以及有关国际组织的制度建设成果对我国具有积极的借鉴意义。但是,我国必须综合考虑政府机构的契约及其激励效应因素,从政府治理角度进行政府会计改革。如果契约及其激励效应因素由其他特定制度所决定,那么政府会计制度建设应当与这些制度相配套。而且,其他制度是不断发展变化的,所以政府会计制度也应当具有动态发展性,因此最好采用会计准则而非会计制度的形式。

二、国际公共部门会计准则应用

IPSASs 是在世界各国政府会计改革潮流中涌现出的硕果。尽管仍处于发展和完善过程中,但越来越多的国家(包括发展中国家)已经或正在根据 IPSASs 进行政府会计改革。这里对应用 IPSASs 推进政府会计改革问题进行简要分析。

(一)国际公共部门会计准则出现的背景[①]

20 世纪 80 年代之前,尽管各国政治经济体制不同、政府会计环境各异,但政府机构一般采用以收付实现制为主要特征的政府(预算)会计。这种会计核算基础以现金的实际收支来确认交易和事项,旨在计量主体在某个期间收到的现金和支付的现金之间的差额这种财务结果。政府会计目标被严格限定在反映公共预算的制定和执行过程以及最后结果上,说明和解除政府机构在收支符合性控制合规方面的受托责任。因此,政府会计通常被视为公共预算体系的附属物,它应当为编制预算提供有用的信息,是政府执行和控制预算的工具,核算对象侧重于公共财政资金的收支活动。在收付实现制会计核算基

---

① 于国旺.国际公共部门会计准则的发展及其启示[J].财会通讯(综合版),2007(5):98-99.

础条件下,各国政府会计实务相对来说较为简便易行,彼此之间也不存在会计处理方法上的重大差异,没有进行国际协调的利益诉求,因而 IPSASs 根本没有产生的必要性和可能性。

20世纪80年代以后出现的新公共管理改革,强调政府应当承担起主要由成果和产出衡量的财政绩效的受托责任。它不仅使政府受托责任的内容有了较大的扩展,也使受托责任的形式发生了根本性变化。为响应这种转变,许多国家纷纷掀起了以变革公共财务管理为核心的机构改革,重新塑造公共部门组织及其管理控制系统,以降低行政成本、提高财政绩效。这种改革对政府会计提出了新的和更高的要求,要求政府不仅要提供有关财政资金收支的信息,更要提供为政府进行高效管理和决策服务的信息。但是,传统政府会计的核算范围过于狭窄,提供的会计信息缺乏透明度和可比性,导致利益相关者对政府机构的信任度普遍降低,也不利于政府机构自身加强管理与控制。所以,许多西方发达国家进行了以引入权责发生制核算基础为主要特征的政府会计改革。

新西兰是世界上第一个在政府会计中全面实施权责发生制会计核算基础的国家。从目前的实践看,这次改革不仅对新西兰的公共财政绩效产生了良好效果,而且对其他国家的政府会计改革也产生了极大的示范效应。迄今为止,已有超过半数的 OECD 成员国在政府会计中不同程度地引入了权责发生制,许多发展中国家也正在改革自身的政府会计,准备向权责发生制政府会计过渡。但是,各国政府在推进改革的方式和实施范围等方面各有特点,有些国家对政府会计的核算基础直接由收付实现制改为完全的权责发生制;有些国家则先由完全的收付实现制过渡到修正的收付实现制,再由修正的收付实现制过渡到修正的权责发生制,最后实现完全的权责发生制;还有些国家先是根据实际情况对部分收入、支出项目或对部分资产、负债项目实行权责发生制,此后,再逐步推广扩大。因此,各国政府在会计处理方法上不免会出现显著的差异,政府财务报告实务千差万别,而且许多国家还未制定权威的政府会计制度或制度的应用范围还受到限制,造成各国政府会计信息缺乏透明度和可比性,利益相关者难以评价各国政府受托责任的履行情况并做出相关决策。

会计作为一种国际上通用的商业语言,会计制度的国际协调已成为一种不可逆转的发展趋势。这种趋势不仅反映在企业会计制度方面,也应当反映在政府与政府机构会计制度方面。在经济国际化和全球市场日益成熟的今天,也同样需要一套国际维度上的统一的政府会计制度。时至今日,加强政府会计制度的国际协调,建立新型的政府财务报告,改善政府会计信息的透明度和可比性,已经成为一种国际需求。在政府会计领域进行国际协调的先行者可以攫取巨大的制度创新收益。IASB 已利用先行者优势在企业会计国际协调领域获取了极大的权威性和利益,实际上就是很好的例证。这促使有关国际组织积极行动起来,以优先获得政府会计国际协调领域中的潜在利益。在这种条件下,一种国际通用的公共部门会计与财务报告制度便有了成长的沃土。1996 年,IFAC 专门成立了 PSC(后更名为 IPSASB),由其负责制定发布 IPSASs。这标志着政府会计开始走上国际协调之路。

(二)国际公共部门会计准则的主要特点

IPSASs 是为实现国际政府会计协调的产物,它们提出了一种标准化的政府会计模式,以推动世界各国的政府会计改革实践。从总体上说,这套制度呈现出诸多明显的特点。

1.以国际会计准则(IASs)为基础,兼顾公共部门的特殊情况

在制定 IPSASs 的过程中,IPSASB 基本采纳了 IASB 已发布的改进前的 IASs,并且尽可能保留该套准则的会计处理方法和原有内容,除非存在一个重大问题并有证据表明该问题与 IASs 相背离。[①] 这种做法不仅节省了相关的制度成本,提高了制定 IPSASs 的速度,而且使制定出的 IPSASs 更具权威性,易于被人们接受。当前,IPSASB 的工作任务之一是依据改进后的国际财务报告准则(IFRSs)修订现行的 IPSASs。2007 年 1 月,该机构发布了关于 11 项具体会计准则的修订公告。同时,IPSASB 在工作过程中也考虑到公共部门的自身特征,并将其体现于 IPSASs 的内容当中。例如,有关公共部门财务报表目的、内容和形式以及合并报表编制的准则就反映出了这一特点。

2.受主权和管辖权限制,对各国尚不具有强制性

IPSASs 针对公共部门的许多交易和事项做出了明确的会计处理规定,但其应用必须受到世界各国主权和管辖权的认可,融入相关的政府会计制度中。事实上,IPSASB 没有忽视各国已存在的政府会计制度,而且暂时也不试图利用 IPSASs 取而代之。目前,该机构仅仅希望 IPSASs 能够充当一种发挥间接作用的国际政府会计制度,为各国制定或修订有关制度提供参考依据和便利条件。实际上,IPSASB 只是想通过这种变通的做法,使 IPSASs 尽可能得到各利益相关者的认可和支持,从而逐步成为规范各国政府提供国际会计报告的标准。尽管尚不具有强制性,但 IPSASs 已受到 IBRD、OECD、IMF 等几个

---

① IPSASB 也参考和使用了其他一些机构发布的公告,如各国的权威监管机构、会计职业团体等,但这些机构对 IPSASs 的影响并不是非常明显。

国际组织和地区性组织的明确支持。IBRD 还成立了专门委员会,推动 IP-SASs 在接受其援助或贷款的国家和地区得以应用。这种情况将使 IPSASs 的强制性程度不断提高。

3.采用权责发生制核算基础

当前,引入权责发生制核算基础已成为国际政府会计改革的典型特征。顺应这股改革潮流,IPSASB 在经济资源计量观的基础上,制定出一套采用完全权责发生制的 IPSASs,以拓展政府会计核算对象的范围,将那些收付实现制基础预算会计未涵盖的业务纳入核算,以提供更多的公共部门会计信息。而且,IPSASs 对会计要素(资产、负债、净资产/权益、收入和费用)的定义和确认,以及关于各项具体业务的会计处理规定都反映了权责发生制核算基础的要求。所以,IPSASs 的应用有助于在全球范围内进一步推进权责发生制政府会计改革,提供更多的政府会计信息。

4.设计新的会计报表体系,提供更多的会计信息

IPSASB 旨在通过实施 IPSASs,提高各国政府会计信息透明度,从而提升公共财务管理水平和受托责任业绩。为此,在采用权责发生制核算基础的条件下,IPSASs 要求公共部门主体会计报表包括财务状况表、财务业绩表、净资产/权益变动表、现金流量表以及报表附注,以提供除预算会计信息之外的更多信息,更好地反映报告主体的财务状况及其变动、财务业绩、公共资金使用效益和持续提供公共服务能力等方面的情况。可见,这种新的会计报表体系已接近对企业会计报表的编制要求。

IPSASs 的发展给国际政府会计带来了实质性的思想和变革,对我国改革预算会计、建立政府会计体系工作也具有极大的启示意义。但是,我国是否能够直接通过 IPSASs 来推进这项工作,这一问题仍然值得思考。

(三)对应用国际公共部门会计准则的认识

IPSASs 体现了世界各国政府会计改革及其相关制度的典型特征和发展趋势。当前,许多发达国家和发展中国家都已采用了这套准则,以驱动本国政府会计改革。事实上,IPSASs 的应用已成为有些国家提高契约合法性的一种途径,其回报便是可以获取和掌控着更多的经济资源,特别是在一些发展中国家。

首先要承认,IPSASs 驱动下的政府会计改革,可以提供除预算会计信息外的更多信息。这些信息涉及政府机构的资产、负债、净资产、收入和支出等方面,更好地反映了它们的财务状况及其变动、财务业绩和现金流量的情况,提高了会计信息透明度,有助于强化政府财务管理和受托责任。但这些会计

信息可否发挥出这样的作用,则取决于政府机构中的契约及其激励效应因素。它必须实现政府契约、激励和会计信息的有机统一。当政府契约及其相应的激励效应是由相关制度决定的,那么 IPSASs 就应当与这些制度相配套。否则,即使提供的信息再多,也不能按照预想的意图使用,政府会计改革也不能提高政府绩效。所以,尽管一些发展中国家采用了 IPSASs,但其政府机构却不一定能够保证高绩效的运营。

由于体现了国际政府会计改革及其相关制度的发展趋势,所以我国在改革预算会计、建立政府会计体系过程中采用 IPSASs,可以实现提高契约合法性的目标,进而提高我国政府会计的国际地位,使我国政府机构受到更广泛的认可,特别是在我国作为 IFAC 成员国的情况下。但这种做法是否可以提高政府绩效,取决于改革时我国政府机构面临的契约及其激励效应和相对应的制度。所以,我国是否应当利用 IPSASs 推进政府会计改革,需要仔细权衡多种现实条件。总体上说,尽管 IPSASs 提供了有益的启示,但我国还应当根据具体国情制定相关制度,使政府会计改革顺利进行,实现预期的绩效目标。

第八章
研究结论与政策建议

▶▶▶

作为结尾部分,本章主要对前文研究中的基本观点进行简要的总结,并提出一些有益于我国改革预算会计、建立政府会计体系的政策建议。

第一节 | 研究结论 ▶▶

本书以新制度经济学作为主要理论依据,同时结合其他学科的研究成果,从论证政府会计的两大基本属性出发,通过深入分析应予关注的那些政府会计议题,最终提出了政府会计改革"绩效悖论"问题的形成原因。纵观整个研究,本书得出了以下结论:

一、政府会计的基本属性

政府是一种负责提供公共物品的经济组织或者说特殊"企业"。从新制度经济学角度看,尽管具有自身的特征,但它们同企业一样本质上也是一系列契约关系的集合体。政府不仅受制于节约交易费用的要求,还要受到多种制度的约束。在这种前提假设下,政府会计就具有契约性和制度性:前者意味着,政府会计本身是一种有边界的不完全契约,而且有助于订立、履行和解除政府契约,但其发挥作用的条件是理性经济主体需要和利用政府会计信息进行监督和决策;后者意味着,政府会计必须至少在形式上符合相关制度的要求,屈从于制度压力的影响,所以在很大程度上成为制度的塑造物和实际承载体。这两种客观存在的基本属性要求分别从"效率机制"与"合法性机制"两个维度认识政府会计问题。

二、政府会计改革的经济本质

目前,许多国家在确认、计量、记录和报告方面不同程度地修正或改进了传统的预算会计模式。尽管国际政府会计改革的实践情况纷繁复杂,但却具有一个共同的经济本质:契约的变更或替代。而且,这种经济本质不因政府会计改革源于相关制度变迁而改变。将政府会计改革视作引入技术工具的理性模型有助于发挥演绎推理的最大功用,得出可预测的、确定的研究结论,所以具有理论上的魅力,但却并未触及政府会计改革的经济本质。事实上,技术工具的引入只是政府会计改革经济本质的外在表现和最终结果。因此,应当关注作为政府缔约者的理性经济主体的切身利益,这是认清他们对政府会计改革所持有态度的前提条件。

三、政府会计改革的目标

政府会计改革是一项有意识、有目的的经济活动。国内外关于政府会计目标的研究结论表明,政府会计改革应当服务于三方面的目标,即建立新型的政府会计、提高政府绩效以及提升公共利益。这种认识的落脚点在于技术工具层面和技术方法导向,但由于先验假定政府会计信息被有效使用、单纯强调通过会计改革提高政府绩效以及不当夸大通过会计改革提升公共利益,因而存在着理论缺陷。事实上,从一个提供公共物品的政府机构立场看,其会计改革一般服务于以下目标:确保契约绩效和提高契约合法性。因此,政府会计改革目标具有两个维度,它们分别来源于政府会计的契约性和制度性。但是,这两种目标对政府会计的要求可能不完全一致,甚至有时截然相反。这正是研究政府会计改革"绩效悖论"问题成因的突破口。

四、影响政府会计改革的制度

影响政府会计改革的制度属于宏观层面上的范畴,适用范围较为广泛。这不同于微观层面上理性经济个体之间协商订立的、适用范围有限的私人契约。一方面,世界各国推行政府会计改革往往伴随着法律法案、会计准则、概念公告、实务指南等正式制度的出台。这些正式制度与社会中其他类型的正式制度并没有什么区别。它们通常确立了一个标准化的政府会计契约,以约束其管辖范围内所有的政府机构,从而使政府会计改革不至于偏离社会预期的方向。而且,这些制度是人为设计的产物,是组织或个人在原有政府会计正式制度基础上进行修订、变革或创新形成。但由于制定主体的法律地位和作用并不完全相同,因而所制定的制度也具有不同的形式和约束力。这使影响政府会计改革的正式制度具有一个自上而下的层级结构。另一方面,政府会计改革也受到了非正式制度(主要是意识形态)的影响。这些意识形态与官僚制"神话"破灭以及公共受托责任、新公共管理、财政透明度观念的发展普及紧密联系在一起。它们是自发形成与发展的,有助于节约信息费用以及做出是否合乎义理的道德评判。从这个角度理解,政府会计改革就成为一种意识形态现象。

五、缔约主体对政府会计信息的行为偏好

在单个政府机构中,政府官员、政治家和社会公众面临着不同的契约结构,受到不同的行为激励,这决定了他们对政府会计信息的特有偏好。在政府会计信息供给方面,政府官员存在着隐瞒信息的动机,他们一般只会披露那些要求的最低限度的会计信息,以避免自身行使剩余控制权谋求私利的能力受到限制。在条件许可的情况下,政府官员也会有意识地管理对外披露的会计信息,把不利于自身利益的信息过滤出来,突显出有利的信息。为了获取更多的资源,政府官员也会自愿披露有关会计信息,通过良好的会计业绩向其他人传递关于他们能力的信号;在会计信息使用方面,尽管额外的政府会计信息有助于改进管理决策、提高政府绩效,但它们却不一定受到政府官员的关注和应用,这时其边际净收益为零。尽管使用额外的政府会计信息有助于政治家更有效地监督作为代理人的政府官员,提高剩余控制权的行使效率,但从剩余索取权的角度看,政治家基本上没有或很少有这样做的激励,他们往往寻求成本较低的方式来替代直接监督。由于监督代理人活动存在外部性,作为理性经济主体的社会公众存在严重的偷懒动机,每个人都倾向于选择"理性的无知"和"搭便车"行为,不会因集体利益而采取行动。在这种条件下,社会公众主动需求和利用政府会计信息的程度就会降低。

六、政府会计改革"绩效悖论"问题的形成原因

通过宏观层面上的制度变迁来推进微观层面上的政府会计改革是当前国际实践的基本做法。当单个政府机构依据制度要求进行会计改革时,这不仅实现了提高契约合法性的目标,而且引入了新的会计形式,改善了缔约者获取信息的条件,使他们可以获得有助于监督代理人的除预算会计信息之外的更多信息。但受到契约及其激励效应因素的制约,政府会计改革难以影响监督政府代理人的数量,政府会计信息不一定按照预想的意图用于监督代理人。

因此,行使剩余控制权时的委托代理问题和代理成本不会减少,政府提供公共物品的绩效难以提高,政府会计改革确保契约绩效的目标不能实现。在这种条件下,政府会计改革"绩效悖论"问题就形成了。而且,只有当发生其他制度变迁、政府缔约者受到更有效的激励时,这一问题才可能得到解决。可见,制度驱动下的政府会计改革是一项非常复杂和具有挑战性的系统工程。

第二节 | 政策建议 ▶▶

当前,我国预算会计及其相关制度难以适应政治经济社会环境的变化,迫切需要进行深入的改革。根据研究结论,本部分为我国改革预算会计、建立政府会计体系工作提出几点注意事项和相应的政策建议。

一、注意事项

我国改革预算会计、建立政府会计体系工作是一项错综复杂的系统工程,其中应当注意以下几方面的问题。

（一）加强政府会计改革问题的理论研究

政府会计改革是一项非常复杂和具有挑战性的工作,需要会计理论的有力指导。除了政府会计目标、会计要素、会计信息质量、会计基础以及会计报告等基本理论问题外,我国应当在以下几方面展开理论研究:

1.认真评估我国现行预算会计存在的主要问题。这不仅要对比我国预算会计与国际政府会计改革实践的差距,还要从当前我国政府机构的契约及其激励效应角度分析问题,以揭示其不能保证政府机构高绩效运营的真正原因。

2.客观评价西方发达国家政府会计改革的做法,探讨其没有实现预期绩效目标的深层次原因。本书基于这些国家的实践,提出了政府会计改革"绩效悖论"问题,并且在理论上给予了解释,但还有许多值得商榷改进之处,尚需充分关注。

3.深入研究政府会计改革实现预期绩效目标的途径。其中,我国应当借鉴新制度经济学和企业治理理论,从政府治理角度探讨政府会计信息需求和使用问题。这对我国制定推进政府会计改革的制度政策大有助益。

（二）理性看待政府会计改革的绩效结果

当前,政府会计改革已演化为一种国际潮流和发展趋势。许多国家纷纷制定相关制度来推进政府会计改革,并且宣称这样做可以提高政府绩效。但是,政府会计改革发挥出这种作用需要满足严格的条件。所以,由于受到某些条件的制约,政府会计改革不可能"一改就灵"。在这种情况下,它就可能沦为政府机构提高契约合法性而非确保契约绩效的手段。因此,我们应当理性地看待政府会计改革的绩效结果,清醒地认识到政府会计改革并不是"包治百病的灵丹妙药",不能盲目推崇和夸大政府会计改革的效用。相反,我们还需要综合考虑政府机构绩效水平不高的深层次原因,而不能将其简单地归咎于尚需改革的预算会计或政府会计。

(三)制定与其他制度配套的政府会计制度

制度驱动政府会计改革是许多国家的典型做法。我国未来改革预算会计、建立政府会计体系工作必然也是制度建设先行。这有助于确保改革工作沿着明确的方向前进,避免出现各自为政、混乱无序的情况。但是,我国政府会计制度建设必须要与其他制度相配套。只有这样,落实到微观层面上的新型政府会计模式才可以实现政府契约、激励和会计信息的有机统一,从而实现提高政府绩效的目标。如果宏观层面上的制度相互之间缺乏必要的耦合,那么制度驱动下的政府会计改革势必难以达到理想的效果。所以,在进行政府会计制度建设时,我国可以借鉴其他国家和国际组织已制定发布的制度,但要综合考虑它们是否与我国其他制度相配套。IPSASs为世界各国制定政府会计制度、推进政府会计改革提供了有益的启示,但如果与我国其他相关制度不配套,就不能被直接用于推进政府会计改革。

二、政策建议

目前,政府会计改革已经成为人们广泛关注的热门议题。从表面现象看,它是有关引入一种新型技术工具的选择决策问题。但是,过于关注其技术性而忽略政府机构的其他因素,推进政府会计改革可能会产生非预期的结果。

本书研究结论表明,如果无法实现政府契约、激励和会计信息的有机统一,政府会计改革就难以实现其经常宣称的绩效目标。这实际涉及政府治理与政府会计改革的关系问题。政府会计改革应当成为政府治理改革的一个重要组成部分。新型的政府会计模式不应当被嵌入一种静止不变的政府治理中,否则其极难发挥应有的作用。所以,我国改革预算会计、建立政府会计体系工作应当遵循一个"大政府会计改革"的思路。也就是说,我国不仅要改革现行的预算会计体系,更需要对行政事业单位治理进行改革和完善,从而实现二者的有机统一,以提高行政事业单位的绩效水平。当然,这些改革工作离不开一揽子配套制度的推进和保障。

　　这里针对"大政府会计改革"问题提出以下几点政策建议：

　　第一，改革完善我国行政事业单位治理结构，明确各利益相关者之间的责、权、利关系。在我国，行政事业单位通常直接承担着提供公共物品的职责。它们履行职责的具体情况及绩效将对其他组织和个人利益产生重要影响。所以，我国应当理清各利益相关者（特别是行政事业单位与人大、上级政府）之间的相互关系，在其间建立起可以有效运行的沟通机制，而且还要明确划分行政事业单位及其负责人的权责范围，为建立"问责"机制创造便利条件。事实上，行政事业单位治理结构体现出一种契约关系，而且还要受到相关制度的强化。这种契约关系在很大程度上决定了各利益相关者（尤其是单位负责人）受到的激励和对应的行为。

　　第二，改革完善我国行政事业单位治理机制，调节各利益相关者的经济活动。新的行政事业单位治理机制必须有能力实现激励和监督，从而确立一种实用的日常管理模式，以促使单位负责人寻求更有效的使用资源和提供公共物品的方式。其中，为了确保经济资源得以有效使用，我国行政事业单位应当引入风险管理、内部审计、内部控制、预算和财务管理等措施，从而形成一种必要的控制机制。当前，我国虽已相继推行了部门预算、国库单一账户、政府采购、收支两条线等改革，但它们更侧重服务于我国宏观层面上的政府财政管理而非微观层面上的行政事业单位财务管理。我国对这个问题尚未给予充分关注，会计学术界也没有对此进行较为全面、系统的研究。

　　第三，改革我国预算会计体系，扩展会计信息披露范围。这是我国改革完善行政事业单位治理的客观要求。因此，我国必须从会计目标、会计对象、会计要素、会计基础、财务报告等诸多方面改革预算会计、建立政府会计体系。这意味着，我国政府会计改革应当作为行政事业单位治理改革的一个组成部分进行，不能脱离行政事业单位治理而单独进行，必须确保政府治理与政府会计改革的有机统一。如果没有良好的单位治理环境，我国改革后的政府会计将不能在行政事业单位层面上很好地发挥作用。当然，我国会计学术界对这一问题也尚未进行深入的研究，这也是本书进一步研究的方向。

参考文献

▶▶▶▶

中文部分：

[1]Owen E.Hughes.公共管理导论[M].2 版.彭和平,等译.北京:中国人民大学出版社,2001.

[2]包亚军.论现代官僚制的双重困境[J].北京行政学院学报,2005(1):20-23.

[3]贝洪俊.新公共管理与政府会计改革[M].杭州:浙江大学出版社,2004.

[4]北京市预算会计研究会政府会计课题组.关于建立中国政府会计准则的研究报告[J].会计研究,2006(3):34-44.

[5]思拉恩·埃格特森.经济行为与制度[M].吴经邦,等译.北京:商务印书馆,2004.

[6]蔡立辉.公共管理:理念、体系与方法[EB/01].http://www.mpa.org.cn/displaynews1.asp? id=273,2005.

[7]财政部会计司.美国政府及非营利组织会计讲座[M].北京:中国财政经济出版社,2002.

[8]财政部会计司.欧洲政府会计与预算改革[M].大连:东北财经大学出版社,2005.

[9]财政部会计司公共部门会计准则考察团.瑞士、意大利的政府会计改革及其借鉴[J].会计研究,2006(9):76-81.

[10]财政部会计准则委员会.政府绩效评价与政府会计[R].大连:大连出版社,2005.

[11]财政部会计司.政府会计研究报告[M].大连:东北财经大学出版社,2005.

[12]常丽.论我国政府财务报告的改进[M].大连:东北财经大学出版社,

2007.

[13]陈国富.官僚制的困境与政府治理模式的创新[J].经济社会体制比较（双月刊），2007(1)：70-75.

[14]陈立齐,李建发.国际政府会计准则及其发展评述[J].会计研究,2003(9)：49-52.

[15]陈小悦,陈立齐.政府预算与会计改革——中国与西方国家模式[C].北京：中信出版社,2002.

[16]陈郁.财产权利与制度变迁——产权学派与新制度学派译文集[C].上海：上海三联书店,上海人民出版社,1994.

[17]陈郁.企业制度与市场组织——交易费用经济学文选[C].上海：上海三联书店,上海人民出版社,2006.

[18]陈郁.所有权、控制权与激励——代理经济学文选[C].上海：上海三联书店,上海人民出版社,1998.

[19]陈志斌.公共受托责任：政治效应、经济效率与有效的政府会计[J].会计研究,2003(6)：36-39.

[20]程恩富,胡乐明.新制度经济学[M].北京：经济日报出版社,2004.

[21]程晓佳.财政透明度与政府会计改革[J].会计研究,2004(9)：22-27.

[22]柯武刚,史漫飞.制度经济学：社会秩序与公共政策[M].韩朝华,译.北京：商务印书馆,2004.

[23]杜兴强.会计信息的产权问题研究[M].大连：东北财经大学出版社,2002.

[24]克劳德·梅纳尔.制度、契约与组织——从新制度经济学角度的透视[C].刘刚,等译.北京：经济科学出版社,2003.

[25]方福前.公共选择理论——政治的经济学[M].北京：中国人民大学出版社,2000.

[26]费方域.企业的产权分析[M].上海：上海三联书店,上海人民出版社,1998.

[27]公共部门委员会.国际公立单位会计准则[S].财政部预算司,香港理工大学课题组,译.北京：中国财政经济出版社,2002.

[28]公共部门委员会.政府财务报告——公立单位委员会第11号研究报告[R].财政部预算司,香港理工大学课题组,译.北京：中国财政经济出版社,2002.

[29]国际货币基金组织.财政透明度[R].财政部财政科学研究所整理.北

京：人民出版社,2001.

[30]郭小聪.政府经济学[M].北京：中国人民大学出版社,2003.

[31]国彦兵.新制度经济学[M].上海：立信会计出版社,2006.

[32]贺卫,伍山林.制度经济学[M].北京：机械工业出版社,2003.

[33]贺颖奇.企业契约性质、管理会计系统职能及其设计原则[J].会计研究,2004(6):53-56.

[34]姜杰,朱青梅.公共经济学[M].济南：山东人民出版社,2006.

[35]姜英兵.论会计标准的实施[M].大连：东北财经大学出版社,2005.

[36]金镝.公共经济学[M].大连：大连理工大学出版社,2007.

[37]经济合作与发展组织.分散化的公共治理——代理机构、权力主体和其他政府实体[R].国家发展和改革委员会事业单位改革研究课题组,译.北京：中信出版社,2004.

[38]李定清,张国康,章新蓉.中西政府与非营利组织会计比较研究[M].重庆：重庆出版社,2001.

[39]李建发.论改进我国政府会计与财务报告[J].会计研究,2001(6):9-16.

[40]李建发,肖华.公共财务管理与政府财务报告改革[J].会计研究,2004(9):7-10.

[41]李建发.政府会计论[M].厦门：厦门大学出版社,1999.

[42]李建发,等.政府财务报告研究[M].厦门：厦门大学出版社,2006.

[43]李元,杨薇钰.应计导向政府会计概念框架的制度有效性分析[J].当代财经,2005(6):108-111.

[44]林钟高,徐虹.会计准则研究：性质、制定与执行[M].北京：经济管理出版社,2007.

[45]刘峰.会计准则变迁[M].北京：中国财政经济出版社,2000.

[46]刘光忠.改进我国预算会计制度的思考[J].会计研究,2002(1):25-29.

[47]刘汉民.企业理论、公司治理与制度分析[M].上海：上海三联书店,上海人民出版社,2007.

[48]刘伟忠,等.公共经济学[M].北京：科学出版社,2007.

[49]刘笑霞.论我国政府财务报告制度的构建——基于财政透明度的考察[J].当代财经,2007(2):20-28.

[50]刘谊,廖莹毅.权责发生制预算会计改革：OECD 国家的经验及启

示[J].会计研究,2004,(7):10-14.

[51]刘玉廷.我国政府会计改革的若干问题[J].会计研究,2004(9):3-6.

[52]陆建桥.关于加强我国政府会计理论研究的几个问题[J].会计研究,2004(7):3-9.

[53]路军伟,李建发.政府会计改革的公共受托责任视角解析[J].会计研究,2006(12):14-19.

[54]Ahmed Riahi-Belkaoui.会计理论[M].4版.钱逢胜,等译.上海:上海财经大学出版社,2004.

[55]A.爱伦·斯密德.财产、权力和公共选择——对法和经济学的进一步思考[M].黄祖辉,等译.上海:上海三联书店,上海人民出版社,2006.

[56]科斯,哈特,斯蒂格利茨,等.契约经济学[C].拉斯·沃因,汉斯·韦坎德,编.李风圣,主译.北京:经济科学出版社,2003.

[57]科斯,等.契约经济学[Z].拉斯·沃因,等编.李风圣,主译.北京:经济科学出版社,1999.

[58]丹尼尔·W.布罗姆利.经济利益与经济制度——公共政策的理论基础[M].陈郁,等译.上海:上海三联书店,上海人民出版社,2006.

[59]Dennis C.Mueller.公共选择理论[M].杨春学,等译.北京:中国社会科学出版社,1999.

[60]道格拉斯·C.诺斯.经济史上的结构和变革[M].厉以平,译.北京:商务印书馆,2002.

[61]D.C.诺斯.制度、制度变迁与经济绩效[M].刘守英,译.上海:上海三联书店,1994.

[62]Donald F.Kettl.有效政府——全球公共管理革命[M].张怡,译.上海:上海交通大学出版社,2005.

[63]Downs,A.民主的经济理论[M].姚洋,等译.上海:上海世纪出版集团,2005.

[64]埃瑞克·G.菲吕博顿,鲁道夫·瑞切特.新制度经济学[C].孙经纬,译.上海:上海财经大学出版社,1998.

[65]埃里克·弗鲁博顿,鲁道夫·芮切特.新制度经济学:一个交易费用分析范式[M].姜建强,等译.上海:上海人民出版社,2006.

[66]厄尔·R.威尔逊,苏珊·C.卡特鲁斯,里昂·E.海.政府与非营利组织会计[M].12版.荆新,等译.北京:中国人民大学出版社,2004.

[67]Freeman,R.J.and C.D.Shoulders.政府及非营利组织会计——理论

与实践[M].7 版.赵建勇,等译.上海:上海财经大学出版社,2004.

[68]Green,D.P.and I.Shapiro.理性选择理论的病变:政治学应用批判[M].徐湘林,等译.桂林:广西师范大学出版社,2004.

[69]哈罗德·德姆塞茨.所有权、控制与企业——论经济活动的组织[M].段毅才,等译.北京:经济科学出版社,1999.

[70]Hart,O.企业、合同与财务结构[M].费方域,译.上海:上海三联书店,上海人民出版社,2006.

[71]Joe B.Stevens.集体选择经济学[M].杨晓维,等译.上海:上海三联书店,上海人民出版社,2003.

[72]Joseph E.Stiglitz.公共部门经济学[M].3 版.郭庆旺,等译.北京:中国人民大学出版社,2005.

[73]路易斯·普特曼,兰德尔·克罗茨纳.企业的经济性质[C].孙经纬,译.上海:上海财经大学出版社,2000.

[74]曼瑟尔·奥尔森.集体行动的逻辑[M].陈郁,等译.上海:上海三联书店,上海人民出版社,2004.

[75]美国联邦会计准则咨询委员会.美国联邦政府财务会计概念与准则公告[S].陈工孟,等译.北京:人民出版社,2004.

[76]美国政府会计委员会.美国州和地方政府会计与财务报告准则汇编[S].马如雪,等译.北京:人民出版社,2004.

[77]盖瑞·J.米勒.管理困境:科层的政治经济学[M].王勇,等译.上海:上海三联书店,上海人民出版社,2002.

[78]彼得·布劳,马歇尔·梅耶.现代社会中的科层制[M].马戎,等译.上海:学林出版社,2001.

[79]萨缪·鲍尔斯.微观经济学:行为、制度和演化[M].江艇,等译.北京:中国人民大学出版社,2006.

[80]斯蒂文·G.米德玛.科斯经济学——法与经济学和新制度经济学[C].罗君丽,等译.上海:上海三联书店,2007.

[81]Sunder S.会计与控制理论[M].方红星,等译.大连:东北财经大学出版社,2000.

[82]小威廉·T.格姆雷,斯蒂芬·J.巴拉.官僚机构与民主——责任与绩效[M].俞沂暄,译.上海:复旦大学出版社,2007.

[83]William A.Niskanen.官僚制与公共经济学[M].王浦劬,等译.北京:中国青年出版社,2004.

[84]奥利弗·E.威廉姆森,西德尼·G.温特.企业的性质——起源、演变和发展[C].姚海鑫,等译.北京:商务印书馆,2007.

[85]平新乔.微观经济学十八讲[M].北京:北京大学出版社,2001.

[86]戚艳霞,王鑫.增强财政透明度的政府会计视角分析[J].山东财政学院学报(双月刊),2005(5):28-31.

[87]裘宗舜,韩洪灵,张思群.公共受托责任、新公共管理与我国政府会计改革[J].财务与会计,2004(4):50-53.

[88]小林良彰.公共选择[M].杨永超,译.北京:经济日报出版社,1989.

[89]申亮.财政透明度研究述评[M].经济学动态,2005(12):86-90.

[90]石英华.政府财务信息披露研究[M].北京:中国财政经济出版社,2006.

[91]宋衍蘅,陈晓.西方国家政府会计的比较及其借鉴[J].会计研究,2002(9):58-62.

[92]万俊人,等.现代公共管理伦理导论[M].北京:人民出版社,2005.

[93]王晨明.政府会计环境与政府会计改革模式论[M].北京:经济科学出版社,2006.

[94]汪丁丁,韦森,姚洋.制度经济学三人谈[M].北京:北京大学出版社,2005.

[95]王国顺,等.企业理论:契约理论[M].北京:中国经济出版社,2006.

[96]王庆东,常丽.新公共管理与政府财务信息披露思考[J].会计研究,2004(4):73-76.

[97]王庆东,常丽.政府财务报告改革导向及其实现机制探索[J].会计研究,2007(3):88-90.

[98]王雍君.全球视野中的财政透明度:中国的差距与努力方向[J].国际经济评论,2003(7/8):34-39.

[99]王雍君.政府预算会计问题研究[M].北京:经济科学出版社,2004.

[100]吴易风.当代西方经济学流派与思潮[M].北京:首都经济贸易大学出版社,2005.

[101]项怀诚.新中国会计50年[M].北京:中国财政经济出版社,1999.

[102]谢德仁.企业剩余索取权:分享安排与剩余计量[M].上海:上海三联书店,上海人民出版社,2001.

[103]谢赤.公共经济学[M].长沙:湖南人民出版社,2003.

[104]穆雷·霍恩.公共管理的政治经济学——公共部门的制度选择[M].

汤大华,等译.北京:中国青年出版社,2004.

[105]杨志勇,张馨.公共经济学[M].北京:清华大学出版社,2005.

[106]杨瑞龙.企业理论:现代观点[M].北京:中国人民大学出版社,2005.

[107]叶龙.新公共管理体制下政府会计理论体系研究[D].东北财经大学博士学位论文,2003.

[108]阿耶·L.希尔曼.公共财政与公共政策——政府的责任与局限[M].王国华,译.北京:中国社会科学出版社,2006.

[109]易宪容.现代合约经济学导论[M].北京:中国社会科学出版社,1997.

[110]C.V.布朗,P.M.杰克逊.公共部门经济学[M].4版.张馨,主译.北京:中国人民大学出版社,2000.

[111]简·埃里克·莱恩.公共部门:概念、模型与途径[M].3版.谭功荣,等译.北京:经济科学出版社,2004.

[112]马丁·利克特.企业经济学:企业理论与经济组织导论[M].3版.范黎波,等译.北京:人民出版社,2006.

[113]于国旺.国际公共部门会计准则的发展及其启示[J].财会通讯(综合版),2007(5):98-99.

[114]袁庆明.新制度经济学[M].北京:中国发展出版社,2005.

[115]张国生.公共受托责任与政府财务报告[J].财会月刊(综合版),2004(12B):6-8.

[116]张金昌,等.21世纪的企业治理结构和组织变革[M].北京:经济科学出版社,2000.

[117]张康之.寻找公共行政的伦理视角[M].北京:中国人民大学出版社,2002.

[118]张娆.新公共管理模式与我国预算会计改革的思考[J].北方经贸,2005(10):55-57.

[119]张维迎.企业的企业家——契约理论[M].上海:上海三联书店,上海人民出版社,1995.

[120]张雪芬.预算会计改革思考[J].会计研究,2001(4):43-45.

[121]张雪芬.政府会计发展与对策[M].北京:中国时代经济出版社,2006.

[122]张永宏.组织社会学的新制度主义学派[C].上海:世纪出版集团,上海人民出版社,2007.

［123］赵成根.新公共管理改革:不断塑造新的平衡［M］.北京:北京大学出版社,2007.

［124］赵建勇.政府财务报告问题研究［M］.上海:上海财经大学出版社,2001.

［125］郑煜.公共经济［M］.北京:国家行政学院出版社,2005.

［126］周雪光.组织社会学十讲［M］.北京:社会科学文献出版社,2003.

英文部分:

［1］AASB.Framework for the Preparation and Presentation of Financial Statements［S］.Framework,July 2004.

［2］Alchian,A.A.and H.Demsetz.Production,Information Costs,and Economic Organization［J］.The American Economic Review,1972,62(5):777-795.

［3］Atamian,R.,and G.Ganguli.The Recipients of Municipal Annual Financial Reports:A Nationwide Survey［J］.Government Accountants' Journal,1991,40(3):3-21.

［4］Banks,J.S.and B.R.Weingast.The Political Control of Bureaucracies under Asymmetric Information［J］.American Journal of Political Science,1992,36(2):509-524.

［5］Barton,A.Professional Accounting Standards and the Public Sector—A Mismatch［J］.Abacus,2005,41(2):138-158.

［6］Brorström,B.Accrual Accounting,Politics and Politicians［J］.Financial Accountability & Management,1998,14(4):319-333.

［7］Brusca,I.and V.Montesinos.Are Citizens Significant Users of Government Financial Information? ［J］.Public Money & Management,2006,26(4):205-209.

［8］Bogt,H.J.and G.J.Helden.Accounting Change in Dutch Government:Exploring the Gap between Expectations and Realizations［J］.Management Accounting Research,2000,11(3):263-279.

［9］Caperchione,E.Local Government Accounting System Reform in Italy:A Critical Analysis［J］.Journal of Budgeting,Accounting & Financial Management,2003,15(1):110-145.

[10]Carpenter,V.L.and E.H.Feroz.Institutional Theory and Accounting Rule Choice:An Analysis of Four US State Governments' Decisions to Adopt Generally Accepted Accounting Principles[J].Accounting,Organizations and Society,2001,26(7):565-596.

[11]Champoux,M.Accrual Accounting in New Zealand and Australia:Issues and Solutions[Z].Briefing Paper No.27,Harvard Law School Federal Budget Policy Seminar,2006.

[12]Chan,J.L.Decision and Information Needs of Voters,Taxpayers,and Service Recipients[R].In Objectives of Accounting and Financial Reporting for Governmental Units:A Research Study,edited by A.Drebin,J.Chan,and L.Ferguson,Vol.1(Chicago:National Council on Governmental Accounting,1981).

[13]Chan,J.L.The Birth of the Government Accounting Standards Board:How? Why? What Next? [J].Research in Governmental and Nonprofit Accounting,1985,1:3-32.

[14]Cheung,S.N.S.A Theory of Price Control[J].Journal of Law and Economics,1974,17(1):53-71.

[15]Cheung,S.N.S.The Contractual Nature of the Firm[J].Journal of Law and Economics,1974,26(1):1-21.

[16]Connolly,C.and N.Hyndman.The Actual Implementation of Accruals Accounting:Caveats from a Case Within the UK Public Sector[J].Accounting,Auditing & Accountability Journal,2006,19(2):272-290.

[17]Copley,P.A.,R.H.Cheng,J.E.Harris,R.C.Icerman,W.L.Johnson,G.R.Smith,K.A.Smith,W.T.Wrege and R.Yahr.The New Governmental Reporting Model:Is It a "Field of Dreams"? [J].Accounting Horizons,1997,11(3):91-101.

[18]DiMaggio,P.and W.W.Powell.The Iron Cage Revisited:Institutional Isomorphism and Collective Rationality in Organizational Fields[J].American Sociological Review,1983,48(2):147-160.

[19]Ellwood,S.The Financial Reporting(R)evolution in the UK Public Sector[J].Journal of Public Budgeting,Accounting & Financial Management,2002,14(4):565-594.

[20]Epple,D.and K.Schipper.Municipal Pension Funding:A Theory and

Some Evidence[J].Public Choice,1981,37(1):141-178.

[21]Evans Ⅲ,J.H.and J.M.Patton.Signaling and Monitoring in Public-Sector Accounting[J].Journal of Accounting Research,Vol.25,Studies on Stewardship Uses of Accounting Information(1987),pp.130-158.

[22]Feroz,E.H.and E.R.Wilson.Market Segmentation and the Association between Municipal Financial Disclosure and Net Interest Costs[J].The Accounting Review,1992,67(3):480-495.

[23]Giroux,G.and A.J.McLelland.Governance Structures and Accounting at Large Municipalities[J].Journal of Accounting and Public Policy,2003,22(3):203-230.

[24]Giroux,G. and D.Shields.Accounting Controls and Bureaucratic Strategies in Municipal Government[J].Journal of Accounting and Public Policy,1993,12(3):239-262.

[25]Guthrie,J.Application of Accrual Accounting in the Australian Public Sector —Rhetoric or Reality[J].Financial Accountability & Management,1998,14(1):1-19.

[26]Hay,D.Public Sector Decentralization,Accountability and Financial Reporting in New Zealand[J].Journal of Public Budgeting,Accounting & Financial Management,2001,13(2):133-156.

[27]Hebert,M.G.and R.J.Freeman.Governmental Fund Operating Statements:Should the Format Be Standardized? [J].Accounting Horizons,1992,6(1):17-35.

[28]Helden,G.J.Is Financial Stress an Incentive for the Adoption of Businesslike Planning and Control in Local Government? A Comparative Study of Eight Dutch Municipalities[J].Financial Accountability & Management,2000,16(1):83-99.

[29]Humphrey,C.,P.Miller and R.W.Scapers.Accountability and Accountable Management in the UK Public Sector[J].Accounting,Auditing & Accountability Journal,1993,6(3):7-29.

[30]IFAC,IPSASB.IPSAS Adoption by Governments[EB/OL].http://www.ifac.org/PublicSector/.

[31]IFAC,PSC.Financial Reporting by National Governments[R].Study 1,March 1991.

[32]IFAC,PSC.Elements of Financial Statements of National Governments[R].Study 2,May 1993.

[33]IFAC, PSC. Governmental Financial Reporting：Accounting Issues and Practices[R].Study 11,May 2000.

[34]IFAC, PSC. Governance in the Public Sector：A Governing Body Perspective[R].Study 13,August 2001.

[35]Ingram,R.W.Economic Incentives and the Choice of State Government Accounting Practice[J].Journal of Accounting Research,1984,22(1)：126-144.

[36]Ingram, R. W., K. K. Raman and E. R. Wilson. The information in Governmental Annual Report：A Contemporaneous Price Reaction Approach [J].The Accounting Review,1989,64(2)：250-268.

[37]Ingram,R.W. and M.Copeland.Municipal Accounting Information and Voting Behavior[J].The Accounting Review,1981,56(4)：830-843.

[38]Jensen,M.C.Organization Theory and Methodology[J]. The Accounting Review,1983,58(2)：319-339.

[39]Jones,R.The Development of Conceptual Frameworks of Accounting for the Public Sector[J].Financial Accountability & Management,1992,8(4)：249-264.

[40]Jones,R.and M.Pendlebury.,"A Theory of the Published Accounts of Local Authorities,"[J].*Financial Accountability & Management*,Vol.20,No.3(2004),305-325.

[41]Lapsley,I.Accounting and the New Public Management：Instruments of Substantive Efficiency or a Rationlising Moderntiy? [J].Financial Accountability & Management,1999,15(3/4)：201-207.

[42]Lapsley,I.and J.Pallot.Accounting,Management and Organizational Change：A Comparative Study of Local Government[J].Management Accounting Research,2000,11(2)：213-229.

[43]Lin,W.and K.K.Raman.The Housing Value-Relevance of Governmental Accounting Information[J].Journal of Accounting and Public Policy,1998,17(2)：91-118.

[44]Lye,L.,H.Perera and A.Rahman.The Evolution of Accrual-based Crown(Government)Financial Statements in New Zealand[J].Accounting,

Auditing & Accountability Journal,2005,18(6):784-815.

[45]Mayston,D.Financial Reporting in the Public Sector and the Demand for Information[J].Financial Accountability & Management,1992,8(4):317-324.

[46]McCubbins,M.D.and T.Schwartz.Congressional Oversight Overlooked:Police Patrols versus Fire Alarm[J].American Journal of Political Science,1984,28(1):165-179.

[47]McCulloch,B.W.and I.Ball.Accounting in the Context of Public Sector Management Reform[J].Financial Accountability & Management,1992,8(1):7-12.

[48] Meyer,J.W.and B.Rowan.Institutional Organizations:Formal Structures as Myth and Ceremony[J].American Journal of Sociology,1977,83(2):340-363.

[49]Patton,J.M.Accountability and Governmental Financial Reporting[J].Financial Accountability & Management,1992,8(3):165-180.

[50]Paulsson,G.Accrual Accounting in the Public Sector:Experiences from the Central Government in Sweden[J].Financial Accountability & Management,2006,22(1):47-62.

[51]Potter,B.Financial Accounting Reforms in the Australian Public Sector:An Episode in Institutional Thinking[J].Accounting,Auditing & Accountability Journal,2002,15(1):69-93.

[52]Potter,B.N.Accounting as a Social and Institutional Practice:Perspectives to Enrich Our Understanding of Accounting Chang[J].Abacus,2005,41(3):265-289.

[53]PSASB and ASRB.Objective of General Purpose Financial Reporting[S].SAC 2,August 1990.

[54]Rahaman,A.S.and S.Lawrence.A Negotiated Order Perspective on Public Sector Accounting and Financial Control[J].Accounting,Auditing & Accountability Journal,2001,14(2):147-165.

[55]Ridder,H.,H.Bruns and F.Spier.Analysis of Pubic Management Change Process:The Case of Local Government Accounting Reforms in Germany[J].Public Administration,2005,83(2):443-471.

[56]Robinson,M.Accrual Accounting and the Efficiency of the Core

Public Sector[J].Financial Accountability & Management,1998,14(1):21-37.

[57]Seal,W.Accounting and Competitive Tendering in UK Local Government:An Institutionalist Interpretation of the New Public Management [J].Financial Accountability & Management,1999,15(3/4):309-327.

[58]Stanton,P.and J.Stanton.The Questionable Economics of Governmental Accounting [J]. Accounting, Auditing & Accountability Journal, 1998,11(2):191-203.

[59]Torres,L.Accounting and Accountability:Recent Developments in Government Financial Information Systems[J].Public Administration and Development,2004,24(5):447-456.

[60] Wildavsky, A. Understanding Organizational Change: OMB and GAO—A Review[J]. Accounting, Organizations and Society, 1988, 13(1): 107-109.

[61]Wynne,A.Public Sector Accounting-Democratic Accountability or Market Rules? [J].Public Money & Management,2004,24(1):5-7.

[62]Yamamoto,K.Accounting System Reform in Japanese Local Governments[J].Financial Accountability & Management,1999,15(3):291-307.

[63]Zeff,S.A.The Rise of "Economic Consequences"[J].The Journal of Accountancy,1978,146(6):56-63.

[64]Zimmerman,J.L.The Municipal Accounting:An Analysis of Political Incentives[J].Journal of Accounting Research,Suppl.1977,15:107-144.

后　记

　　本书是在我的博士论文基础上修改完成的。目前面临的现实环境与当初我完成博士论文时相比发生了很大变化。近年来,我国政府会计理论研究成果日益丰富,对政府会计改革问题有了更广泛、更深入的思考。同时,我国政府会计改革不再停留于纸面,而是进入了实质性推进阶段。我国政府部门不仅对预算会计制度进行了全面修订,还制定发布了政府会计基本准则、部分具体准则及应用指南。可以说,我国政府会计制度体系进一步完善,对政府会计改革具有极大的驱动力。但是,我国政府会计改革终归不能绕过政府提供公共物品的绩效问题,也需要对政府会计发挥作用的机制进行系统研究。所以,本书"原汁原味"地保留了我博士论文的观点,只着重对文字表述进行修订完善,力争使观点能够更凝练、更明确地呈现出来,避免冗长晦涩。

　　这里首先要深深感谢我的导师李建发教授!李老师严于律己、严谨治学、勤奋敬业、谦逊豁达,始终激励我在学习和工作中不断努力进取。多年来,如果说我有些许研究成果的话,这离不开李老师给予我的大量指导和帮助。其次要衷心感谢同门的兄弟姐妹们!大家的交流合作使我能够进行更深入的思考,不敢有丝毫懈怠之心。

　　本书的出版受到"北方工业大学校内青年拔尖人才项目"的资助。

　　虽然我一直在学术道路上摸索学习,但力有不逮,深知本书存在诸多疏漏及不足之处,恳请广大读者不吝批评赐教。

于国旺

2017 年 8 月